KB128517

당신의 자존감은 잘 지내나요?

당신의 자존감은 잘 지내나요?

초 판 1쇄 2023년 08월 02일

지은이 서도영
펴낸이 류종렬

펴낸곳 미다스북스
본부장 임종익
편집장 이다경
책임진행 김가영, 신은서, 박유진, 윤가희, 정보미

등록 2001년 3월 21일 제2001-000040호
주소 서울시 마포구 양화로 133 서교타워 711호
전화 02) 322-7802~3
팩스 02) 6007-1845
블로그 http://blog.naver.com/midasbooks
전자주소 midasbooks@hanmail.net
페이스북 https://www.facebook.com/midasbooks425
인스타그램 https://www.instagram/midasbooks

© 서도영, 미다스북스 2023, *Printed in Korea.*

ISBN 979-11-6910-297-1 03190

값 18,000원

미다스북스는 다음세대에게 필요한 지혜와 교양을 생각합니다.

당신의
자존감은

나를
챙기지 못하고
살아가는 당신에게
전하는 안부

서도영 지음

잘 지내나요?

미다스북스

자존감이라는 단어 앞에서
한없이 작아지나요?

내 자존감은 잘 지내고 있어요

자신에게 확신을 갖고 세상을 당당하게 살아가는 것 같은 사람을 만나면 동경하는 마음이 생겼고 때로는 부러움을 넘어 질투심까지 느꼈다. 내가 마음에 든 적이 없어서 자기 사랑, 자존감 같은 단어 앞에서 한없이 작아졌었다. 자존감이라는 단어를 인식하기 시작하면서 어떻게 하면 자존감을 높일 수 있는지 오랫동안 궁금했었다. 자존감이 낮아서 발생하는 여러 가지 문제들을 마주할 때마다 나를 미워하면서도 동시에 나를 사랑하고 싶은 마음의 갈증은 커져갔다. 그러다가 자존감이 바닥을 치고 삶도 나락으로 곤두박질쳤다고 느끼게 되었을 때 더 이상 이렇게 살아서는 안 되겠다는 위기의식으로 나를 사랑하기 위해 고군분투했다. 나를 챙기는 연습을 통해 결국 나를 사랑하게 되었고 더 이상 자존감에 대해 고민하지 않게 되었다.

자존감에 대해 더 이상 고민하지 않게 되었다는 말은 내면이 조용해졌다는 말이다. 남이 나를 어떻게 생각하는지, 내가 얼마나 형편없는지에 대해 쉴 새 없이 떠들던 마음 채널 하나가 꺼진 것만 같다. 남의 마음을 지레짐작하여 눈치를 보거나 내 행동을 다른 사람들이 어떻게 평가할지 두려워하는 마음처럼 내면을 시끄럽게 만드는 소리들이 없어진 것이다. 자존감이 높아진다고 삶에서 겪는 여러 가지 감정들에 초연할 수 있는 것은 아니지만 최소한 나를 괴롭히던 시끄러운 목소리들은 사라지고 중요한 것에 에너지를 집중할 수 있게 되었다. 남이 했던 말, 내가 했던 말, 타인의 인정을 받기 위해 했던 고민, 남을 배려하느라 나를 불편하게 하는 일 등등 여기저기 산발적으로 신경 쓰던 마음으로부터 시선을 거두고 내 인생에서 더 소중한 가치들에 집중할 수 있게 된 것이다. 원하는 것에 거침없이 도전할 수 있는 힘이 생겼고 앞으로 나를 믿고 살아가도 되겠다는 믿음이 생겼다. 내 자존감이 잘 지내는지 안부를 챙기면서 삶에 감사하게 된 것이다.

당신의 자존감도 잘 지내길 바라요

이 책을 보는 여러분은 과거의 나처럼 자존감 문제로 고민하고 계신 분들일 것이다. 이 책을 선택하시기 전에도 여러 가지 심리학 서적을 통해 스스로를 이해하고 행복해지기 위해서 부단히 노력하셨을 것이라고 생각한다. 그런 분들을 위해 이 책에는 자존감을 높이기 위한 실질적인 해법을 담으려고 노력했다. 자존감이 낮아져 있다면 내면만 돌본다고 문제가 해결되지는 않는다. 모든 것이 마음에서 시작되므로 마음이 제일 중요하지만 일단 마음이 무너져 있다면 삶을 전반적으로 되짚어봐야 한다. 주변 인간관계를 돌아보며 몸과 마음을 돌보고 일상을 가꾸는 기초 작업이 필요하다. 기초를 단단하게 쌓으면 마음은 이미 좋아질 준비가 된 것이다.

자존감이 바닥이었던 사람으로서 수많은 시행착오를 겪으며 얻어낸 자존감 높이는 비법들을 독자분들의 삶에 도움이 되기를 바라는 마음으로 책에 담아 보았다. 나 자신을 사랑하며 행복하게 된 비법을 담은 이 책은 다섯 가지 장으로 구성된다. 시작은 나를 무조건 사랑하기로 결심하는 것이다. 1장에서는 자존감이 왜 중요한지를 밝히고 자존감과 관련

된 마음 습관에 대해서 다뤘다. 2장에서는 자존감 낮은 사람들이 자존감 도둑들과 인연을 맺기 쉽다는 점을 지적하며 좋은 사람만 곁에 두는 지혜의 중요성에 대해 짚었다. 자존감을 높이기 위한 방법으로서 3장에는 오늘부터 바로 적용할 수 있는 몸과 마음을 돌보며 일상을 가꾸는 방법, 4장에는 무너진 자기 신뢰를 회복하고 성장할 수 있는 방법에 대해 담았다. 그리고 5장에서는 궁극적으로 행복하게 살 수 있는 건강한 삶의 태도에 대해서 이야기한다.

자존감을 높이고 나를 사랑한다는 것은 추상적인 개념이다. 그래서 방법을 찾기 어렵게 느껴지지만 올바른 방법으로 꾸준히 연습한다면 자존감은 당연히 올라간다. 도대체 자신을 사랑하는 것이 무엇이고 어떻게 자존감을 높일 수 있는지 궁금하신 분들은 이 책에 담긴 내용을 삶에 적용해보셨으면 한다. 자존감이 바닥이었던 사람도 자신을 사랑하고 삶을 긍정하게 된 것처럼 자신을 사랑하며 행복한 삶을 살아가는 데 이 책이 도움이 되기를 진심으로 바란다.

먼저 자신을 사랑해야 합니다.
다른 사람과 편안해지기 전에 스스로
편안해져야 합니다.

- 제니퍼 로페즈 -

매일 아침
거울을 보고 자신의 이름을 부르며
'사랑해'라고 말하라.

- 셰릴 리처드슨 -

1장

우리는 습관적으로 살아가고 있다.

자존감이 낮은 것도 습관이다.

지금처럼 살고 싶지 않다면 기존 습관을 거부하고

자신을 사랑하겠다는 굳은 결심이 필요하다.

자신에게 애정을 갖고 안부를 물으며

좋은 시간을 함께할 때 자존감은 자라난다.

모든 변화는 결심에서 시작된다.

나를

사랑하기로

결심하라

01

나를 가장 사랑해 줄 사람은 바로 나다

아무리 진실한 사랑도 무조건적인 자기애보다
마음을 더 잘 채워줄 수 있는 사랑은 없다.

— 에드먼드 음비아카

쓸데없는 걱정, 시도 때도 없는 불안,

모든 것이 나로부터 시작되었다

미국국립과학재단의 연구에 따르면 사람은 하루에 평균 12,000개에서 60,000개의 생각을 한다. 그런데 하루에 하는 생각의 80%는 부정적인 생각이고 95%는 어제 했던 생각을 똑같이 반복하는 생각이라고 한다. 사람이 긍정적인 생각보다는 부정적인 생각을 압도적으로 많이 하고 매일 같은 생각을 하면서 살아간다는 것을 알 수 있는 연구 결과다.

또한 코넬대학교에서 발표한 연구에 의하면 사람들의 걱정 중 85%는 결코 현실에서 일어나지 않는다고 한다. 그리고 나머지 15% 중 79%는 우려했던 것보다 잘 처리할 수 있는 일이거나 그 경험으로 가치 있는 교훈을 얻을 수 있는 일이라고 한다. 계산해보면 걱정의 97%가 걱정할 필요가 없는 일이라는 것이다.

그런데도 우리는 언제나 걱정을 하고 불안감을 느끼며 살아간다. 생각은 대부분 무의식적인 습관에 의해서 일어난다. 일상을 살아가다 보면 부정적인 생각을 하는지 긍정적인 생각을 하는지 돌아볼 여유가 없다. 습관처럼 어제와 같은 생각을 하고 이런저런 걱정을 하다보면 불안, 두려움, 우울, 분노 같은 부정적인 감정들이 동반된다. 부정적인 생각은 부정적인 감정을 일으키고 부정적인 감정이 격해질수록 부정적인 생각은 더욱 강하게 올라온다. 감정과 생각이 함께 움직이면서 견고해지는 것이다.

나 역시도 어릴 때부터 일어나지도 않을 일에 대해 걱정하며 불안해했다. 초등학교 2학년 때쯤 엄마랑 손을 잡고 다리를 걸어갈 때였다. 갑자기 머릿속에서 다리가 무너지는 장면이 연상되었다. 동시에 '다리가 무너지면 어떡하지?'라고 염려하는 마음의 소리가 들렸다. 비슷한 시기에 천장이 무너질까 봐 걱정했었던 적도 있다. 이런 기억들이 선명한 건 어린아이였지만 스스로도 이상한 걱정을 하고 있다고 자각했기 때문이었다. 그럼에도 한동안 그런 걱정은 지속되었다.

대학생이 되어도 내면의 걱정과 불안은 여전했다. 어릴 때부터 연기에 호기심을 갖고 있던 나는 대학생이 된 후 연극 동아리에 가입했다. 하나의 작품을 무대에 올리기 위해서는 방학 내내 매일같이 모여서 하루종일 연습을 해야 했다. 하루의 연습을 마무리할 때면 동아리 사람들과 동그랗게 둘러앉아 한 명씩 돌아가면서 이야기하는 시간을 가졌다. 그냥 편하게 하루 동안 연습하면서 느꼈던 점을 공유하거나 사적인 이야기를 하는 시간이었다. 그런데 나는 그 시간이 너무나 부담스러웠고 단 한마디도 하고 싶지 않았다. 내가 하는 말에 대해서 다른 사람들이 어떻게 생각할지 걱정이 되었던 것이다. 이런저런 걱정으로 둘러싸인 내 입에서 나올 수 있는 말은 "수고하셨습니다."라는 한마디밖에 없었다. 그렇게 한 달 넘게 매일 얼굴을 봤던 친구, 선배들에게 마지막 공연을 마친 날까지 수고했다는 말 외에 아무 말도 하지 않았다. 마지막까지 한결같다는 말을 들었지만 누가 내 말을 나쁘게 생각할까 봐 침묵을 선택한 것이었다. 남들이 내 말을 안 좋게 생각할까 봐 걱정이 됐던 이유는 내가 나 스스로를 비난하고 비판하는 데 익숙했기 때문이었다.

걱정이 많고 불안이 높은 기질을 타고날수록 말을 잘 듣는 아이로 자란다. 말을 잘 들으니 칭찬을 받으며 자라지만 그런 피드백들이 내면의 불안을 잠재우지는 못한다. 오히려 뭔가를 더 잘해야만 할 것 같은 부담감에 강박이나 완벽주의 성향이 짙어진다. 완벽주의 성향이 생기면 자기 자신을 미워하는 마음도 함께 자라난다. 열심히 노력하고 노력해도 자신이 도달하고 싶은 목표는 저 멀리 있기 때문이다.

또한 섬세함을 발휘하여 다른 사람들의 마음을 미리 짐작하고 배려한다. 자존감 문제로 고민해 본 사람이라면 대부분 착한아이 콤플렉스에 대해서도 고민을 해 보았을 것이다. 자신보다 타인의 마음을 먼저 고려하고 이해하는 연습을 해왔기 때문이다. 주변인들의 마음을 배려하고 인정을 받기 위해 열심히 노력하지만 그럴수록 관계에 휘둘리고 마음은 공허해진다.

자신이 바라는 이상과 비교하면 자신은 항상 못난 사람이고 다른 사람의 인정을 받고 배려할수록 마음은 우울해진다. 그렇게 자신을 돌보지 않다가 삶에서 문제가 발생하면 그제야 자신을 돌아보게 된다.

생각의 감옥에서 벗어나라

나도 나를 완전히 주저앉힐 일을 맞닥뜨렸을 때에야 나를 사랑하기로 결심할 수 있었다. 완벽하게 믿었던 사람에게 배신을 당하고 큰 충격에 휩싸인 적이 있다. 살아가면서 있을 수 있는 일이었지만 나는 털고 일어나지를 못했다. 과거에 대해 추적하기 시작했고 과거에 있었던 모든 일을 들추며 수없이 자책하고 후회했다. 내 머릿속은 탐정이 들어앉은 것처럼 모든 일을 짜맞추고 심판했다. 되풀이되는 자책과 후회, 상대에 대한 원망과 분노로 나는 한 발자국도 옴짝달싹할 수 없었다. 격한 감정들이 나를 가득 채워버려서 잘 수도, 먹을 수도 없었다. 감정에 먹혀버려서 흡사 괴물이 된 것만 같았다. 마음속에 들어앉은 불덩이를 느끼며 수일을 보내자 심장이 아파 오기 시작했다. 심장이 아파서 더 이상 이렇게 살면 안 되겠다고 생각하면서도 그 상태를 벗어날 수가 없었다. 완벽하게 과거에 갇혀버린 것이다. 세상에서 가장 괴로운 게 과거에 대한 생각의 감옥이라는 것을 그때 깨달았다.

그때부터 나를 찾는 여정이 시작되었다. 외부 사건에 의해 촉발된 감정의 늪이었지만 사건이 일어난 이유와 이후 받아들이는 방식에서 내 안의 뭔가가 잘못되어 있다는 생각이 들었기 때문이었다. 시간이 지나면서 상처가 회복되어 자연스럽게 잊고 마는 것이 아니라 내가 어떻게 살아왔는지를 인지하고 삶에 대한 태도를 완벽하게 다시 배우고 변화시키는 계기가 되었다. 어릴 때부터 불안하고 강박적인 생각에 나를 가둬놓고 나를 귀하게 여기지 않았었다. 내가 얼마나 가치 있는 사람인지 모르고 함부로 대하며 살아왔던 것이다. 생각의 감옥은 어릴 때부터 내가 스스로에게 지은 것이었다. 외부 사건에 의해서 감옥이 좀 더 좁아지고 단단해진 것뿐이었다.

많은 사람이 어릴 때부터 생각의 감옥에 자신을 가둔다. 자신을 책망하고 비판하고 남들이 어떻게 평가할지 염려하고 무능하다고 몰아세우는 내면의 목소리가 바로 그것이다. 계속 생각의 감옥 속에서 살아가지만 외부사건에 의해 자유를 완전히 잃어버리기 전까지는 자신을 옥죄고 있는 감옥의 존재를 인지하지도 못한다. 감옥의 존재를 인지하고 있더라도 익숙한 방식대로 살아간다. 미래에 대해 걱정하며 불안해하거나 과거의 일을 반복적으로 재생하고 후회하면서 감옥을 더욱 공고히 한다. 작은 실수 하나에도 스스로를 몰아세우며 자책하고 책망한다. 오히려 생각의 감옥이 만들어 낸 불안감 때문에 좋은 성과도 이뤄냈다며 자랑스럽게 생각하기까지 한다.

자신을 향한 열렬한 사랑이
감옥을 벗어나는 열쇠가 된다!

스페인 프라도 미술관에는 궁정화가였던 고야의 전시실이 크게 꾸려져 있다. 궁정화가가 되기 전 초기 작품들에서는 인물들을 향한 그의 따뜻한 시선과 애정이 느껴진다. 이후 그는 궁정화가가 되어 성공가도를 달리게 되지만 나폴레옹이 스페인을 침략하며 벌어진 6년간의 잔혹한 전쟁으로 그의 삶도 격변하게 된다. 전쟁의 참상을 목격한 이후 그는 시골 별장에서 홀로 은둔생활을 하며 4년간 그림을 그렸다. 그때 그린 그림들을 모아놓은 전시실로 들어가면 분위기는 완전히 달라진다. 젊은 시절 아름다운 그림들을 그린 작가의 작품이라고는 상상도 할 수 없을 만큼 징그럽고 끔찍한 그림들로 가득 차 있다. 전시실 이름부터 어둠의 방이다. 어둠의 방이라는 이름이 무색하지 않게 온통 검은색 배경의 그림 속에는 사람인지 괴물인지 모를 검은색 형체들만 가득하다.

그 전시실에는 짙은 밤 수렁에 빠진 두 인물을 그려놓은 그림이 있다. 서로가 서로를 공격하면서 상대가 진흙탕에서 빠져나오지 못하도록 하고 있는 모습이다. 살려면 어서 빠져나가야 하는데 상대를 공격하기 위해 자기 자신도 해치고 있는 것이다. 그대로는 어느 누구도 빠져나오지 못하고 죽는다는 것을 알면서도 공격할 수밖에 없는 모습이 안타까움을 자아낸다.

우리의 내면에서 벌어지고 있는 일도 그와 다르지 않다. 자기공격적 생각이 분명히 자신을 공격하고 파괴하고 있다는 걸 알면서도 멈추지 못하는 것이다. 자신을 자책하고 스스로를 가치 없게 생각하는 것은 수렁 속으로 자신을 밀어넣는 행위이다. 과거에 겪은 일로 자기 자신을 형편 없다고 판결 내리고 가능성을 제한해 버린다. 현재를 살고 있어도 몸과 마음이 과거에 겪었던 사건에 매여 영원히 과거에 집착하며 살아가고 있다. 현재를 살면서 미래로 나아가야 하는데 시선이 과거에 머물러 꼼짝 없이 과거가 만든 감옥 속에서 살아가고 있는 것이다.

우리는 일상의 사소한 일에도 스스로를 자책하고 작은 좌절에도 절망하며 슬퍼한다. 사람마다 마음의 크기가 달라서 똑같은 일을 겪어도 다 다르게 반응한다. 마음이 단단한 사람이라면 똑같은 시련을 겪어도 크게 절망하거나 회복하는 데 오랜 시간이 걸리지 않는다. 어릴 때부터 스스로를 비난하고 자신에게 친절하지 못한 사람일수록 작은 일에도 크게 반응하며 오랫동안 주저앉는 것이다. 외부의 사건은 자신이 얼마나 단단한 사람인지 들여다 볼 수 있는 창이 된다.

고야 전시실에서 어둠의 방을 지나면 다시 정돈된 화풍의 그림들이 나온다. 초기 작품들처럼 사랑스러운 분위기를 내뿜지는 않지만 그의 내면이 다시 정돈되었다는 것을 느낄 수가 있다. 전쟁의 참상을 목격하고 지옥으로 변한 고야의 마음이 어둠의 방에서 나와 내면의 평화를 되찾은 것이다.

우리도 어릴 때부터 갇혀 있던 생각의 감옥을 부수고 나아갈 수 있다. 비판, 후회, 불안, 걱정 등으로 둘러싸인 감옥은 자신이 만든 허구일 뿐이다. 아무리 단단한 감옥에 갇혀 있어도 생각의 감옥은 실체가 없기 때문에 언제든 부수고 탈출할 수가 있다. 변화는 결심에서 시작된다. 생각의 감옥에서 탈출하려면 자신을 열렬히 사랑하기로 결심해야 한다. 자신을 구원할 사람은 자신밖에 없다.

02
지금 당장 자존감을 챙겨라

나에 대한 자신감을 잃으면,
온 세상이 나의 적이 된다.

– 랄프 왈도 에머슨

내가 나를 존중해야 인간관계가 편안하다

거절하는 것을 어려워하는 사람들을 주변에서 흔히 볼 수 있다. 보통 거절하지 않고 부탁을 잘 들어주는 사람을 착하다고 표현한다. 착해서, 이타적이라서 타인을 먼저 챙긴다고 생각하지만 그 내면을 깊이 들여다 보면 미움 받기 싫은 마음이 작용하고 있는 경우가 많다. 미움 받기 싫고 상대가 자신을 좋아하길 바라는 마음 때문에 거절했을 때 상대가 느낄 불편한 감정이 신경 쓰이는 것이다.

　나 역시 사람들의 요청을 거절하는 것이 무척이나 힘들었다. 누군가가 나를 보고 싶다고 하면 무리를 하면서까지 약속에 응했고 부탁을 받으면 'Yes'부터 말하고 들어주는 식이었다. 거절을 못해서 문제 상황이 발생할 때면 도대체 왜 거절을 못해서 짐을 떠안고 있는 것인지 스스로를 자책했다. 거절을 하면 상대가 불편한 감정을 느낄까 봐 걱정이 되었다. 다른 사람의 감정을 신경 쓰느라 나를 불편하게 만드는 선택을 하며 살았던 것이다. 지금도 내가 조금 수고하더라도 소중한 사람들이 즐거울 수 있다면 기꺼이 불편을 무릅쓸 것이다. 그러나 당시 내 문제는 나를 불편하게 만드는 사람들의 감정이 상하는 것마저도 곤란하게 생각했다는 것이다.

　불편을 감수하면서 내키지 않는 부탁을 들어주거나 함부로 대하는 사람들까지 배려할 필요는 없다. 자신의 감정이 상하게 되는 선택을 하면 스스로 왜 그렇게 멍청하게 행동했는지 반추하며 자책하게 된다. 불편을 감수하면서까지 거절하지 못하거나 배려하는 이유는 상대가 자신을 안 좋게 생각할 것 같은 두려운 마음이 들기 때문이다. 이미 자신을 함부로 대하고 있는데도 관계가 틀어지거나 갈등이 생길까 봐 불안한 것이다.

한두 번 선을 넘어도 반격을 하지 않으면 상대는 불쾌하다는 것을 모르기 때문에 수시로 선을 넘을 수밖에 없다. 스스로 명확하게 경계선을 설정하지 않으면 당연히 관계에 휘둘리게 되는 것이다. 담백하게 거절하거나 불쾌하다는 한마디 말로 상황을 종료시킬 수 있었는데 미움 받기 싫은 마음 하나 때문에 자신의 마음을 불편하게 만든 것이다. 그런 날이면 있었던 일을 곱씹으며 스스로를 책망하는 상황으로까지 이어진다. 게다가 자기는 불편까지 참아가며 상대를 존중하고 있는데 왜 자신을 함부로 대하는지 억울해지기까지 한다. 이것은 상대나 자신, 그 누구도 존중하고 있는 것이 아니다. 그냥 다른 사람들의 눈치를 보느라 자기 자신을 지키지 못한 것뿐이다.

건강한 인간관계는 서로에 대한 존중에서 시작된다. 타인을 존중한다는 것은 무조건적으로 부탁을 들어주거나 선을 넘는 불쾌함을 참아내는 것이 아니다. 자신을 함부로 대하는 사람을 존중해 줄 사람은 없다. 존중받으려면 먼저 내가 나를 존중할 수 있어야 한다. 내가 나를 존중하고 상대를 존중할 때 비로소 상대도 나를 존중한다. 선을 넘는 사람들을 향해서 소중한 사람에게 예의를 갖추라고 말할 줄 알아야 서로에 대한 존중이 지켜지는 것이다.

선을 넘는 사람들을 대할 때뿐만 아니라 사랑에 있어서도 마찬가지다. 스스로 당연히 사랑받을 만한 가치가 있는 사람이라고 느껴야만 다른 사람이 자신을 사랑한다는 것을 그대로 받아들일 수가 있다. 스스로가 사랑받을 만한 사람이 아니라고 생각한다면 누군가가 사랑한다고 해도 받아들일 수가 없다. 끊임없이 상대가 자신을 사랑하는지 확인하고 집착하며 상대를 옭아매거나 반대로 사랑이 떠나갈까 봐 두려운 나머지 상대에게 한없이 희생하게 된다. 행복하려고 사랑을 하지만 자기 자신을 사랑하지 못하면 사랑 때문에 괴롭게 되는 것이다.

인간관계에서 반복적으로 발생하는 문제가 있다면 내면을 살펴야 한다. 스스로 가치 있고 사랑받을 만한 사람이라고 생각하며 존중하는지 말이다. 나의 자존감은 잘 지내고 있는지 안부를 살피는 내면의 대화가 필요하다.

자존감은 인생 전반에 영향을 미친다

자존감(Self- esteem)이란 자아존중감의 줄임말로 자신을 존중하고 사랑하는 마음이다. 자존감이 높을수록 스스로에 대한 믿음이 있고 회복 탄력성이 좋으며 타인의 평가에 쉽게 휘둘리지 않는다. 우리가 마주하는 현실을 긍정적인 마음가짐으로 씩씩하게 살아가기 위해서는 자신을 사랑하고, 타인을 긍정하며, 미래를 기대할 수 있어야 한다. 자기 자신을 사랑하고 존중하는 것이 시작이다. 자신을 사랑하고 존중하는 데 이유는 필요 없다. 무조건적으로 나 자신을 사랑하고 존중해야 한다.

자존감은 어린 시절부터 형성되지만 일생동안 변하는 것으로 노력을 통해 얼마든지 건강하게 만들 수 있다. 눈앞의 현실에서 꼭 해야만 하는 것들을 하느라고 자신을 내팽개치고 살아왔다면 지금부터는 자신을 돌보며 살아야 한다. 자신과 친해지고 어떤 순간에도 자신을 돌봐주겠노라고 스스로에게 약속해야 한다. 좋은 음식을 먹고 운동을 열심히 해서 조금씩 근육을 단련시키는 것처럼 자존감에 좋은 것들을 하나씩 해나가는 것이다. 뇌 건강을 위해 수면, 식사, 운동, 명상 등에 신경 쓰면서 자신이 좋아하는 일을 찾아서 해야 한다. 건강한 생활을 하며 즐거운 시간을 보내고 자신과 꾸준히 소통하면 자존감에도 조금씩 근력이 생기게 된다.

회사에서 이사님들이 안 좋게 보고 있다는 부정적인 피드백을 전달해주는 상사가 있었다. 한두 번 전달하는 게 아니라 매번 불러서 윗사람들이 이러저러한 이유로 안 좋게 보고 있다고 계속 이야기했다. 처음에는 사실인 줄 알았는데 나중에 알고 보니 그런 말이 나온 적도 없었고 본인이 원하는 바를 윗사람의 생각처럼 전달하고 있었던 것이다. 그 상사는 윗사람들의 평판을 몹시나 두려워하고 있었다. 주변에서 내리는 평가가 자기 자신의 가치와 동일하기 때문에 쇼맨십을 발휘하면서까지 평가에 전전긍긍했다. 자존감이 낮아서 스스로의 가치를 외부 평판과 동일시하는 것이었다. 그 상사는 다른 사람들도 자신처럼 평가를 과도하게 두려워할 거라 생각하고, 뭔가 원하는 게 있으면 윗사람들이 나쁘게 생각한다는 식으로 말해서 상대의 불안을 자극했다. 본인 스스로 평판과 불안에 따라 움직이고 있으니 다른 사람도 동일한 방식으로 통제하려고 했던 것이다. 자신을 지탱해 주는 내면의 힘이 없으면 외부 평가에 휘둘리고 타인과 비교하며 괴로워하게 된다.

이렇듯 자존감과 관련된 문제는 인간관계뿐만 아니라 학업 중이나 사회생활을 할 때도 발생한다. 자존감이 낮으면 끊임없이 자신의 실수를 지적하고 책망하는 내면의 목소리가 자신을 힘들게 한다. 남들의 평가에 따라 자신의 가치를 결정하고 하루에도 수없이 동료들과 자신을 견주고 비교하는 마음을 가진다. 동료보다 잘 못한 것 같으면 주눅이 들어 스스로를 비난한다. 더 가혹한 일은 좋은 평가는 약하게 받아들이고 나쁜 평가는 확대해서 자신을 괴롭힌다는 것이다. 열심히 하면서도 더 잘해야 한다고 스스로를 몰아붙이다 보면 마음은 한없이 불행해진다. 그러다가 SNS를 통해 지인들이 행복해하는 모습을 보면 우울한 자신의 일상과 비교하며 스스로를 초라하게 만든다. 열심히 살았는데 자신을 탓하는 마음만 남은 것이다.

남과 비교하는 자존심 내려놓고
나를 사랑하는 진짜 자존감을 키우자

많은 사람들이 남과 비교하면서 우월감과 열등감 사이를 오간다. 보통 열등감이 있는 사람을 보면 자존감이 낮다고 생각한다. 반대로 우월감과 함께 거만한 태도를 보이는 사람을 보면 자존감도 높다고 생각하는 경우가 많다. 하지만 실제로는 우월감으로 남을 무시하는 태도를 보이는 사람 역시 자존감이 낮아서 타인에게 공격성을 보이는 것이다. 우월감은 열등감의 또 다른 이름으로 우월감을 자주 느끼는 사람은 열등감 또한 달고 살아간다. 비교하는 게 습관이 되어 있기 때문이다.

자존감과 함께 염두에 둘 단어가 있다. 바로 자존심이다. 자존심은 남에게 굽히지 않고 자신의 품위를 스스로 지키려는 마음이다. 그래서 불

합리한 상황을 거부할 때 "내가 자존심이 있지."라고 말하며 자신의 당당함을 표현하곤 한다. 사전적 정의만 보면 자존감과 자존심은 비슷한 것처럼 보인다. 그러나 자존감은 낮은데 자존심만 센 사람들은 타인을 향해 공격적인 태도를 보이곤 한다. 농담인 듯 다른 사람을 깎아내리고 비판적인 태도를 견지함으로써 자신이 상대보다 우월하다는 그릇된 자만심을 보이는 경우처럼 말이다. 이들은 찰나의 우월감에 중독되어 낮은 자존감 대신 옹졸한 자존심으로 버티며 살아가고 있는 것이다. 자존심만 높은 사람들이 주변인들을 깎아내리고 공격하는 이유는 자존심이 타인과의 비교를 통해서 생기기 때문이다. 자존심은 혼자가 아닌 타인이 있어야 존재할 수 있기 때문에 경쟁 심리가 발동하는 것이다. 자존심이 아닌 자존감을 높이려면 타인과의 비교는 금물이다.

자존감은 타인과 관계없이 자신에 대한 확고한 믿음과 사랑으로 나타난다. 사람은 자신을 대하는 방식대로 타인을 대하기 때문에 자존감이 높은 사람은 타인도 존중할 줄 안다. 남과 비교하지 않고 자신의 존재 자체를 소중하게 여기는 마음이 자존감이다. 그래서 남과 비교하는 마음을 내려놓고 자신에게 집중하는 진짜 자존감을 키워야 한다.

끊임없이 형편없다 말하고, 과거의 실수를 들추고, 남과 비교하며 자신에게 상처 주는 내면의 소리를 더 이상 듣고 싶지 않다면 이제 자존감을 위해 노력해야 한다. 자신을 사랑하는 일을 더 이상 뒤로 미뤄두지 말자. 자신을 돌보지 못하고 생각 없이 눈앞의 인생에 끌려가다 보면 10년이 지나도, 20년이 지나도 지금처럼, 지금까지 그래왔듯이 스스로를 인정하지 못하고 남의 평가와 관계에 휘둘리는 삶을 살아야 한다. 인간관계에서 을을 자처하거나 쓸데없는 자존심을 부리며 살아가거나 학교에서의 성적, 회사에서의 직위, 착용하고 있는 브랜드가 자기 자신이라고 착각을 하며 살아가게 되는 것이다. 외부의 평가나 인정을 갈구하는 것에서 벗어나 스스로를 인정하고 가치 있게 여길 줄 알아야 한다. 지금까지는 스스로를 미워하며 살아왔다면 화해하고 용서하여 남은 인생은 자신을 사랑하며 살아야 한다.

03

생각의 습관을 바꿔라

당신은 몇 년 동안 스스로를 비난했지만 아무런 효과가 없었다.
자신에게 칭찬을 하면 어떻게 변할 수 있는지 확인해보자.

– 루이스 L.헤이

반복하는 생각은 뇌에 각인되어 습관이 된다

영국 런던대학의 엘리노어 맥과이어 교수는 런던 택시 기사들의 해마가 일반인에 비해 눈에 띄게 크다는 연구 결과를 발표했다. 해마는 뇌에서 기억을 저장하고 상기하는 역할을 담당한다. 런던 택시 기사들은 런던 반경 6마일(약 10km)안의 1,840km에 달하는 시내 지리를 내비게이션 없이 운전하며 39,000여 개의 거리 이름과 15,000여 개의 건물과 시

설의 위치 등을 기억하고 있다. 런던 택시 기사들이 복합한 도시의 다양한 위치를 기억하고 암기하면서 해마가 커졌다는 것이다. 또 나이와 상관없이 운전한 햇수가 오래될수록 해마의 크기는 더 크다고 한다. 나이와 상관없이 뇌가 계속해서 학습하고 변화할 수 있다는 것을 알려주는 연구 결과였다. 무언가를 자주 생각하고 경험을 반복하면 그와 관련해서 뇌가 발달한다는 것을 짐작해 볼 수 있다.

반복적인 생각과 경험이 뇌를 변화시킨다는 사실을 치매 환자들을 보면서 생각해 본 적이 있다. 치매 환자들을 돌보는 주간보호센터에서 치매 어르신들과 함께 하루를 보낸 날이 있었다. 치매에 대해 정확하게 알지 못했고 미디어에서 접한 단편적인 이미지만 가지고 있었기 때문에 치매를 앓고 계신 분들의 모습이 비슷할 거라는 막연한 편견을 가지고 있었다. 치매는 기억력, 판단력, 인지 능력 등이 감퇴하는 질환이다. 처음에는 단기기억상실 증세를 보이다가 점차 저장된 기억도 사라져 가족도 못 알아보게 된다. 센터에 계신 어르신들의 치매 진행 정도나 양상은 모두 달랐다. 치매 진행 정도에 따라 기억의 정도도 달라지는 것 같았다.

기억을 잃은 어르신들 중에는 과거의 어느 특정 시점에서 살고 계신 분들이 있었다. 어떤 어르신께서는 불행했던 과거의 시점으로 돌아가 배우자 같은 주변인들과 싸우고 계신 듯이 보였다. 장사로 자식을 키워내신 어느 어르신께서는 장사하던 시절을 살고 계셨다. 또 어떤 어르신께서는 젊은 시절로 돌아가 고등학교 다니시던 때의 추억을 아름답게 들려주셨던 분도 계셨다. 똑같이 기억을 잃어가도 누군가는 불행했던 시절의 원망거리들에 여전히 분노하고, 누군가는 열심히 살았던 과거를 살아가며, 누군가는 아름다웠던 시절에서 즐거워하고 계셨다.

　치매에 걸린 후 살고 계신 그 시절이 어르신들의 인생에서 가장 강렬한 인상을 남긴 삶의 지점이 아니었을까 추측해 보았다. 수없이 떠올리고 반복해서 낙인처럼 뇌에 새겨지니 기억을 잃어가는 순간에도 선명한 기억으로 남았을 것이다. 치매에 걸려서까지 뇌는 반복적으로 경험하고 습관적으로 생각했던 것들을 보여주며 그때의 감정 상태를 다시 불러일으키고 있었다. 어르신들의 의지대로 생각하고 느끼는 것이 아니라 반복했던 생각과 감정들이 습관이 되어 재생되고 있었던 것이다. 어르신들께서 기억을 잃고 과거에서 살고 계시는 모습을 보면서 매 순간 좋은 마음으로 살아야겠다는 생각이 들었다. 기억을 잃어가면서 과거 어느 순간에서 기억이 멈췄는데 그 순간이 슬픈 생각을 많이 하고 괴로운 감정을 많이 느꼈던 삶의 지점이라면 치매에 걸려서도 고통스러운 삶을 살아가야 할 것이기 때문이다.

군이 치매까지 가지 않더라도 우리는 일상에서 자주 과거를 되풀이하며 살아간다. 뇌는 지금 하는 생각이 과거에 발생했던 일인지, 현실에서 벌어지고 있는 일인지, 미래에 대한 기대인지 구분하지 못한다. 과거에 있었던 일을 계속 생각하고 재생하면 그것을 현실로 인식해 버린다. 즉 과거에 있었던 불쾌한 사건을 계속 생각하고 되뇌면 현재에도 그 불쾌한 경험을 지속하고 있는 것으로 뇌는 인식한다는 것이다. 과거에 벌어진 슬픈 경험을 매일 생각하면 매일 우울할 수밖에 없다. 뇌에게는 지나간 과거의 일이 아니라 현실이기 때문이다. 과거를 생각하면 당시에 느꼈던 감정이 몸에서 느껴지고 몸에서 느껴지는 감각은 다시 과거에 대한 생각을 강화한다. 불쾌했던 과거의 사건을 반복하면 몸은 현실에 있어도 마음과 몸의 내부 감각이 과거에 매여 있는 것이다.

우리는 자주 과거 속에서 산다. 나도 믿었던 사람에게 배신당한 이후로 꽤 오랫동안 현실을 살아가지 못했다. 충격을 크게 받고는 매일같이 밤낮으로 그때를 생각하며 분노와 원망을 터트렸다. 그렇게 오랜 시간을 보내다 보니 어느 순간부터는 내가 생각하지 않아도 자동으로 그때 기억이 떠올랐다. 내가 원해서 생각하는 것이 아니었다. 무슨 생각을 하고 있든지 마지막에는 항상 원망과 분노의 감정이 동반된 그때의 기억이 떠오르게 된 것이다. 생각과 감정이 결합된 것처럼 기억이 떠오르면 동시에 강한 분노와 원망의 감정이 함께 올라왔다. 반대로 일상에서 불쾌한 감정을 느끼면 자동으로 그 당시 기억이 떠올라서 불쾌한 감정을 강화시켰다. 시간이 지나면 점차 옅어져야 하는데 시간이 지나도 괴로운 감정과 분노 어린 기억은 선명했다. 생각이 떠오르는 즉시 마음은 지옥이 되었고 현실에 집중할 수 없었기 때문에 제발 잊어버리고 그만 생각하고 싶었다. 불행한 기억에 묻혀 사는 게 싫어서 놓아버리려고 노력할수록 그 생각은 집착스럽게 나를 붙잡았다. 그동안 수없이 반복했던 생각과 감정이 습관으로 굳어져 자동으로 재생되고 있었던 것이다.

신경가소성, 뇌는 생각하는 대로 변한다

뇌는 죽을 때까지 유동적으로 변화한다. 청년기까지만 뇌가 발달하고 이후에는 서서히 노화한다는 보편적인 인식과는 달리 뇌가 평생 발달할 수 있다는 사실이 현대에 와서 새롭게 밝혀졌다. 우리 뇌는 개인의 경험과 학습 그리고 노력에 따라 뇌의 신경망을 새롭게 구축하면서 형태를 바꾸어 나가는 특성이 있다. 우리가 새로운 것을 접하면 새로운 신경이 생성되고 반복 및 연습을 통해 신경 연결이 단단해진다. 이것이 학습의 원리이다. 자주 사용하는 신경회로만 유지되거나 강화되고 자주 사용하지 않는 신경회로는 약화되거나 소멸한다. 이러한 특성을 뇌의 신경가소성이라고 한다.

뇌의 신경가소성 덕분에 우리는 언제나 새로운 것을 배울 수도 있고 사고력을 향상시킬 수도 있다. 반대로 바람직하지 않은 생각, 표현, 행동이 반복되면 습관이 되고 습관으로 고착화되면 고치기가 어려워진다. 오랫동안 품었던 부정적인 생각과 감정을 멈추고 싶어도 멈출 수 없는 이유 역시 부정적인 생각과 관련된 뇌의 신경회로가 발달하여 자동으로 작동하는 습관으로 고착화되었기 때문이다. 과거를 계속 생각하면서 강렬한 감정을 느끼면 뇌는 생명에 위협이 되는 중대한 일이 벌어진 줄 안다. 부정적인 생각과 감정이 강렬할수록 자신을 보호하기 위해 끊임없이 그 생각에 집착하고 불안해하거나 분노하게 만드는 것이다.

정말 다행인 점은 아무리 강하게 습관으로 고착화되어 있더라도 꾸준히 노력한다면 뇌의 신경가소성에 의하여 습관을 없애거나 바꿀 수 있다는 것이다. 의식적으로 긍정적인 생각을 떠올리면서 생각을 전환하려는 노력을 기울인다면 새로운 회로가 형성된다. 다른 쪽으로 생각을 전환하고 새로운 것에 몰입하면 기존 회로는 약화된다. 아무리 강렬한 기억이라도 시간이 지나면 잊히는 것 역시 다른 생각을 하면서 신경회로가 변

화하기 때문이다. 자신이 하는 생각이 자신에게 긍정적인 영향을 주지
못한다면 부정적인 생각을 할 때마다 얼른 자신이 원하는 것을 생각해야
한다. 생각을 전환하는 노력을 꾸준히 기울인다면 부정적인 회로는 퇴화
하고 긍정적인 회로는 단단해진다. 생각의 습관이 바뀌는 것이다.

부정의 뇌를 긍정의 뇌로 전환하라!

현대인과 35,000년 전 구석기 시대 원시인의 뇌는 구조나 기본적인
작동 방식이 유사하다고 한다. 현생 인류의 조상인 호모 사피엔스는 약
15~25만 년 전에 출현했다. 인류는 구석기 시대인 3만 5,000년 전부터
문화나 기술의 진보가 이루어져 약 1만 년 전부터 정착 생활을 했고 약
200년 전에 있었던 산업혁명으로 현재와 같은 생활을 하고 있다. 전체
인류의 역사에서 아주 단시간 동안 급속히 이루어진 문명의 발달만큼 인
류의 뇌는 빠르게 진화하지 못한 것이다.

여전히 원시시대에 머무는 뇌에게는 생존이 최우선이다. 생존을 위해
서 뇌는 부정적인 일에 민감하게 반응한다. 이러한 경향은 원시시대 때
독버섯이나 독초를 기억해서 피하게 만들었고 위험한 동물이 나타날 것
같은 두려움으로 주위를 경계하게 만들어 생존 확률을 높였다.

뇌는 생존을 위해 부정적인 것을 훨씬 더 잘 기억하고 인지하도록 진화해 온 것이다. 이러한 특성을 뇌의 부정성 편향이라고 부른다. 뇌는 긍정적인 것보다 부정적인 것에 더 강하게 즉각적으로 반응하며 오랫동안 영향을 받는다. 그래서 하루에 떠오르는 수만 가지 생각 중 대부분이 부정적인 생각인 것이다. 트라우마나 PTSD를 겪는 사람들 역시 스스로를 보호하려는 행동으로 뇌가 반응하는 것이고 사소한 일에도 크게 걱정하거나 불안을 느끼는 것 역시 생존을 위한 진화의 결과라고 할 수 있다. 우리가 부정적인 일을 생각하고 불안을 느끼는 것은 당연하다. 하지만 현대에 와서 마주하는 수많은 스트레스 요인들 중 직접적으로 생명에 위협이 되는 것은 없다. 원시 시대에는 생존에 유리하게 작용했던 부정성 편향이 현대에 와서는 많은 정신질환 및 불안, 초조, 우울 같은 감정의 원인이 되고 있는 것이다.

부정성 편향 때문에 부정적인 것을 강하게 인지하고 생각하는 특성이 기본값이다. 그래서 우리는 칭찬보다는 비판에 민감하고, 긍정적인 뉴스보다는 부정적인 뉴스를 기억한다. 부정적인 생각은 뇌가 우리를 보호하려고 건강하게 작동하고 있다는 반증이다. 부정적인 생각은 사실이 아닐 가능성이 높으며 정상적인 반응이라는 점을 기억해야 한다. 부정적인 것을 강하게 기억하고 반응하는 뇌의 특성을 이해한다면 부정적인 생각이 들 때마다 실제로는 생명에 위협이 될 일이 없다고 스스로를 안심시키며 긍정적인 쪽으로 생각을 전환할 수 있다. 부정적인 생각을 긍정적인 생각으로 전환하기 위해서는 의식적인 노력이 필요한 것이다.

안 그래도 부정성 편향 때문에 부정적으로 흐르기 쉬운 생각을 더 부정적으로 학습시켜서는 안 된다. 뇌의 신경가소성에 따라 부정적인 생각을 하는 즉시 부정적인 신경회로를 유지하거나 강화하는 일이 된다. 부정적인 뇌의 신경망이 형성되면 뇌는 어떤 일을 마주하더라도 부정적인 요소를 찾는 데 집중력을 발휘한다. 부정적인 생각은 부정적인 감정을 만들어 내고 이를 뒷받침할 만한 더 많은 부정적인 사건을 선별해 낸다. 부정적인 생각이 드는 즉시 부정적인 면을 찾는 생각 습관이 고착화되지 않도록 빨리 흘려보내야 한다. 대신 긍정적인 생각, 감사한 생각으로 뇌가 긍정적인 회로를 만들고 강화할 수 있도록 노력해야 한다. 어떤 회로를 강화할 것인지는 자신이 선택할 수 있는 문제다. 부정적인 생각은 습관이다. 그리고 나쁜 습관은 좋은 습관으로 대체할 수 있다.

부정적인 감정도 돌봄이 필요하다

생각은 뇌의 작용이고 감정은 몸의 반응이다. 생각이 감정을 만들고, 반대로 감정이 그에 걸맞은 생각을 만들어 낸다. 따라서 좋은 생각 습관을 갖기 위해서는 부정적인 감정을 잘 다스리는 것이 중요하다. 사람들은 부정적인 감정을 느낄 때 보통 세 가지 유형으로 반응한다. 감정이 불편할 때마다 남 탓을 하며 주변인을 힘들게 하거나 자책하며 자기비하로 이어지거나 감정 자체를 억눌러버리는 것이다. 세 가지 반응 모두 건강한 방법이라고 할 수 없다.

습관적으로 이루어지는 감정 반응에 끌려가지 않으려면 불편한 감정을 인지하는 연습을 해야 한다. 불편한 감정이 느껴지면 어릴 때부터 사용해 왔던 생각·감정·행동 습관이 무의식적으로 작동한다. 감정에 휩쓸리고 생각에 끌려가기 전에 의식적으로 불편한 감정이 생겼다는 것을 인지해야 한다. 습관이 작동하지 않도록 제3자의 입장에서 감정을 타자화해서 보고 자신의 감정과 거리를 두는 것이다. 부정적 감정은 공격성을 부르고 근육을 긴장시키기 때문에 재빠르게 운동을 하거나 몸을 움직이면 감정과 거리를 두는 데 도움이 된다. 한 발자국 떨어져서 바라보면 감정이 올라오는 이유를 찾기도 쉬워진다. 이유를 알게 되면 부정적인 감정을 스스로 충분히 공감해주고 흘려보낼 수도 있다. 감정을 잘 흘려보내야 마음에 흔적이나 상처가 남지 않는다.

모든 감정은 왔다가 사라진다. 금세 사라질 감정 때문에 주변을 괴롭히는 시한폭탄이 되거나 자신의 내면에 시한폭탄을 품고 다니는 사람이 되는 것은 어리석은 일이다. 감정은 흘러갈 뿐이다. 감정의 주인은 자신이며 감정과 한 발자국 떨어져서 놓아 보낼 수 있는 사람도 자기 자신이라는 것을 기억하자.

04

행복의 뇌 회로를 만들어라

좋은 일을 생각하면 좋은 일이 생긴다. 나쁜 일을 생각하면 나쁜 일이 생긴다.
여러분은 여러분이 하루 종일 생각하고 있는 것, 바로 그것이다.

– 조셉 머피

인간은 의지에 따라 행동하고 성장한다

윤홍균 의사의 책 『자존감 수업』에는 '심리학을 독학한 사람들을 만나보
면 유난히 부모에 대한 원망이 큰 사람이 많다는 데 놀란다'는 구절이 있
다. 내면의 문제가 어린 시절 양육 환경에서 비롯되었다고 믿으며 과거
가 자신을 만들었으니 미래까지 변함없을 것이라고 쉽게 단정한다는 것
이다.

나 역시도 비슷하게 생각했던 적이 있었다. 자책하고 눈치 보는 습관을 가지고 있었던 나는 내면의 문제를 해결하기 위해 대학생 때부터 심리학을 공부했다. 내면의 문제를 해결하고 행복해지기 위해서 강의를 듣고 책을 읽었는데 예상치 못한 문제가 발생했다. 성인기에 나타나는 여러 가지 문제의 원인이 어린 시절의 양육 환경에서 비롯된 것이라는 설명에 자꾸 내 문제를 어린 시절 성장 환경과 연관 지었다. 애착 이론을 배울 때는 애착 형성을 제대로 하지 못해서 불안정 애착 상태일 것이라고 추측했고, 성격에서 사람을 대하는 방식까지 다양한 문제의 원인을 어린 시절 탓으로 돌리게 된 것이었다.

내 안의 문제를 해결하고 싶어서 심리학을 공부했지만 현실의 나는 무력했고 어린 시절의 나를 연민하는 결과를 가져왔다. 그런 과정에서 치유가 일어나기는커녕 내 안에 감추어야 할 또 다른 열등감 덩어리와 원망이 자라나고 있었다. 그래서 심리학은 도움이 되지 않는다고 생각했다.

그러다가 아들러라는 심리학자를 접했다. 그는 성장 배경이 인간의 행동을 규정하지 않는다고 했다. 인간은 목적에 따라 스스로의 행동을 결정할 수 있다고 말이다. 열등감은 자연스러운 것이며 자기 자신의 부족한 면을 인정하는 용기가 자신을 발전시키는 힘이 된다고도 했다. 개인의 불완전함을 인정하는 용기를 가진 강인한 인간이 행복할 수 있다고 말이다. 타인의 평가에 신경 쓰지 않고 잘 보이기 위해 애쓰지 않는 용기 있는 사람은 현재에 집중할 수 있다. 사람은 자신의 의지에 따라 언제든 자신을 바꿀 수가 있다. 아들러에 따르면 내면의 문제를 어린 시절 환경 탓으로 돌리는 것은 핑계일 뿐이었다.

스스로를 열등하게 인식하고 자책하며 남의 눈치를 보는 성격이 여러 가지 원인에 의해 형성되었을 수 있다. 그러나 원인을 추적하여 과거 탓으로 돌려버리면 그런 성격에 정당성이 부여되어 남은 인생도 어린 시절 환경을 탓하며 똑같이 살아가게 된다. 아들러의 심리학은 과거와 상관없이 당장 지금부터 자신을 인정하고 행복하게 살 수 있다는 용기를 준다. 스스로에게 하는 내면의 대화가 부정적인 것은 누구나 겪고 있는 보편적인 문제일 뿐이다. 우리는 과거에서 사는 것이 아니라 현재를 살아가며 미래로 나아가고 있다. 원인을 찾기 위해 과거를 파고드는 것이 아니라 의지를 가지고 원하는 삶을 향해 성장해나가야 한다.

생각의 습관을 바꿔야 인생이 달라진다

지금까지 어떻게 살아왔든지 상관없다. 우리는 스스로를 변화시킬 수 있는 존재다. 물론 지금까지 살아왔던 방식대로 사는 것이 익숙한 나머지 변화하면서 불편함은 느끼겠지만 의지를 낸다면 누구나 자신을 사랑하면서 행복할 수 있다. 사람은 언제나 성장하길 원하는 존재다. 태어나서 누워만 있던 아기는 뒤집고, 기어다니다가 일어서서 걷고, 뛴다. 그 과정에서 수백 번 실패하고 넘어지지만 끊임없이 시도하여 결국엔 해낸다. 우리 모두가 그러한 과정을 겪고 성인이 되었다. 수백 번 넘어져도 다시 일어서서 해냈던 것처럼 마음이 넘어졌어도 다시 일으켜 세우면 된다. 아기가 연습을 통해 차근차근 근력을 키우고 운동 능력을 향상시키는 것처럼 차근차근 내면에 근육을 키워 일어서야 한다.

작은 실수 하나에도 스스로를 책망하고 용서하지 못하는 마음을 당장 내려놓자. 어리석고, 한심하고, 고집스럽고, 게으르고, 실수하는 자신을 용서하고 놓아주어야 한다. 자신이나 타인을 미워하고 원망하며 살아가는 것은 고통스러운 일이다. 자신과 타인을 용서하고 앞으로 나아가야 한다. 지금 놓지 않는다면 평생 스스로를 부정하고 타인을 원망하며 살아가야 한다. 나쁜 그 사람 때문에 불쌍한 나라는 프레임을 갖고 있다면 당장 버려야 한다. 오늘 이 프레임을 갖고 살아간다면 앞으로 남은 인생도 같은 방식으로 살아가게 된다. 피해자가 되거나 형편없는 사람이 되는 프레임은 스스로를 비참하게 만들 뿐이다. 피해자는 힘이 없다. 스스로를 피해자로 인식하면서 희망찬 앞날을 위한 힘을 낼 수는 없다. 과거와 화해하고 스스로를 용서하며 지금 당장 삶을 긍정하는 것이 좋다. 매일매일 새로운 삶이 기다리고 있다. 어제 실수하고 상처받았더라도 새롭게 시작할 오늘이 있다.

새롭게 시작하기 위해서는 기존에 가지고 있는 생각이 무엇인지 살펴봐야 한다. 우리가 하는 생각들은 대부분 습관적이다. 매일 어제와 같은 생각을 하기 때문에 오늘도, 내일도 어제와 같은 날이 된다. 습관적으로 똑같은 생각을 하고, 똑같은 말을 하며, 똑같이 행동한다. 자연스럽게 인생의 수많은 갈림길 앞에서 습관적으로 똑같은 선택을 하게 된다. 똑같은 생각을 하니까 똑같은 선택을 하고 시간이나 상황이 바뀌어도 똑같은 인생을 살아가는 것이다. 생각을 바꿔야 습관이 달라지고 인생이 달라지게 된다.

습관은 뇌에 각인된 회로를 통해 나온다. 습관은 오랫동안 되풀이하는 과정을 통해서 저절로 익히게 된 행동 방식이다. 뇌 회로가 형성되기 시작할 때 지속적으로 노출된 사람과의 반복적인 경험을 통해 뇌가 처음으로 프로그래밍된다. 처음 깔린 프로그램을 바탕으로 이후 경험들을 해석하고 선택하며 행동한다. 어떤 생각을 받아들였는지도 모르고 그저 무의식적으로 받아들였기 때문에 이유도 모른 채 같은 생각과 행동을 반복한다. 지금까지는 자신도 모르게 생각에 이끌려갔다면 이제부터는 생각이 습관임을 인지하고 프로그램 자체를 변화시키려는 노력을 기울여야 한다.

행복의 뇌 회로는 언제나 행복을 찾아낸다

불행을 찾는 뇌의 습관 때문에 가만히 두면 뇌는 점점 더 불행한 쪽으로 회로를 단단하게 구성한다. 또한 살아가면서 마주하는 여러 가지 문제가 부정적인 생각을 더욱 단단하게 붙잡는다. 평화롭기보다는 문제 있는 상황을 인지하는 뇌의 습관과 부정적으로 세팅된 프로그램에 반하여 행복하기 위해선 의식적인 노력으로 뇌의 습관을 바꿔야만 한다. 단조로움을 느끼는 일상에서 행복한 일을 찾아 감사하고 기억한다면 뇌는 행복을 찾는 뇌 회로를 구성한다. 자신을 긍정하고 감사하는 것이 습관이 된 사람은 어떤 상황에서도 단단한 힘을 낼 수 있다. 행복의 뇌 회로를 갖게 되면 습관적으로 일상의 행복에 언제나 감사할 수 있는 상태가 된다. 행복의 뇌 회로는 의지를 가지고 노력해서 만들어야 한다.

친구랑 산책을 하며 보호수로 지정된 느티나무 옆길을 지나간 적이 있다. 느티나무가 너무 웅장해서 친구와 팔을 펼쳐 느티나무 몸통 둘레를 가늠하니 5미터 정도 되는 것 같았다. 자연스럽게 느티나무 풍채만큼이나 넓은 그림자가 드리워진 벤치에 앉아 감탄을 하고 있었다. 하늘을 뒤덮은 나뭇잎들이 바람에 흔들리는 모습은 아름다웠고 바람이 부드럽게 볼을 스쳤으며 햇빛은 찬란하게 빛나고 있었다. 시간이 영원히 멈춘 듯한 아름다움에 행복한 마음이 절로 들었다.

친구는 이 느티나무 옆길을 수없이 지나다니면서도 아름답다는 생각을 한 번도 해 본 적이 없었다고 했다. 웅장한 느티나무 옆을 지나가면서도 '덥다, 빨리 안으로 들어가야지.', '오늘은 세탁소에 가야 해.', '아 그 사람은 왜 나한테 이런 말을 한 거야.' 같은 현실적인 문제만 생각했다고 한다. 그러다 보니 나무가 있다는 것은 알았지만 둘레가 그렇게 큰 줄도, 아름다운 줄도 몰랐다는 것이다. 내가 계절에 따른 자연의 변화를 관찰하고 감탄하는 모습을 보면서 자연을 보기 시작했고 그러다 보니 자신도 풀 한 포기를 보며 감탄할 수 있게 되었다고 했다. 눈앞의 현실만 생각하다가 잠시라도 아름다운 풍경을 보고 여유를 즐기게 된 것이다.

　행복도 노력으로 만들 수 있다. 현실에서 잠깐만 눈을 돌려도 당장 눈 앞에 펼쳐진 아름다운 자연 풍경에 감탄하며 감사할 수 있다. 중요한 것은 어떤 순간에도 나를 사랑하고 행복하겠다는 의지다. 행복에 집중하면 우리 뇌는 놀랍게도 그 증거를 가져다준다.

　우리 뇌는 중요한 정보만 취사선택하는 망상활성계(RAS)를 가지고 있다. 평소에는 거리에서 한 번도 본 적이 없었던 물건을 살까 말까 고민하기 시작하면 그 순간부터 그 물건이 거리에서 수도 없이 보이는 경험을 해 보았을 것이다. 이전에는 눈길을 끌지 않는 배경에 지나지 않았는데 뇌가 인지하는 순간 빠르게 찾아내야 하는 대상이 된 것이다.

　망상활성계는 자신이 갖고 있는 신념과 익숙한 것에 먼저 반응한다. 자신이 무능하고 불행하다고 믿는 사람의 망상활성계는 그 신념을 증명할 만한 일을 찾아준다. 비난과 불행에 익숙한 망상활성계는 언제나 자신을 자책할 만한 괴로운 일들을 선별해서 가져다준다. 반대로 망상활성계가 자신을 사랑하고 삶에 감사하는 쪽으로 작동하게 된다면 우리 뇌는 그런 현실을 가져다준다. 망상활성계는 목표를 정하면 그것만 보이도록 만든다.

그래서 자신을 사랑하고 삶에 감사하는 방향으로 망상활성계가 작동할 수 있도록 프로그래밍해야 하는 것이다. 의식적으로 자신을 응원하는 내면 대화 습관을 만들고 일상의 감사함을 찾으려는 의지를 낸다면 망상활성계는 우리를 행복하게 만들어주는 방향으로 작동하게 된다. 습관적으로 불행을 찾았던 뇌가 자동적으로 행복을 찾게 되는 것이다.

05
나를 사랑하려면 나를 잘 알아야 한다

자신을 사랑하는 법을 아는 것이
가장 위대한 사랑입니다.

– 마이클 매서

좋아하는 일을 찾아 일상으로 만들어야

자신과 사이가 좋아진다

현대 인류는 점점 더 똑똑해지고 있다. 기술의 발전으로 정보가 넘쳐
나고 개개인의 지혜가 공유되면서 이전에는 알지 못했던 많은 분야에 대
한 지식을 손쉽게 얻을 수 있게 되었다. 그러나 지식적으로 더 똑똑해진
만큼 자기 자신에 대해 잘 아는 사람은 많지 않은 것 같다. 어떤 것에 대

해 잘 알려면 호기심을 갖고 관찰해야 하는데 우리의 시선이 항상 외부 세계로 향해 있어 내면에서 벌어지는 일에 대해선 간과하며 살아간다. 자신이 무엇을 좋아하고 무엇을 싫어하는지 알려면 자신의 마음을 잘 관찰해야 한다. 좋아한다고 생각했던 일이 실제로는 별로 중요하지 않다거나, 흥미를 전혀 느끼지 못할 것이라고 생각했는데 실제로 해보면 좋아하는 일인 경우가 많다. 자신에 대해 생각하고 관찰해야 자신에 대해 잘 알 수 있다.

의도치 않게 고추나무 한 그루를 집에 들여놓게 된 적이 있다. 식물을 길러본 적도 없고 주기적으로 물을 주어야 한다는 게 부담스러워서 한 번도 식물을 길러 볼 생각을 해본 적이 없었다. 그래도 해가 잘 드는 곳에 두고 일주일에 한 번씩 물을 줬더니 가을이 되자 나무 한 그루에서 고추 20개 정도가 주렁주렁 열렸다. 그 모습이 신기하기도 하고 뿌듯하기도 했다.

고추를 잘 길러낸 기쁨을 경험하고는 이듬해에 채소를 길러보기로 했다. 최대한 손이 가지 않도록 물받침에 물을 넣어두면 저절로 급수가 되는 큰 화분을 5개가량 준비했다. 그리고 상추, 방울토마토 등의 채소 모종을 사다가 심었다. 노지에서 햇빛을 가득 받고 자란 모종을 해가 덜 드는 집안에서 키우자 잘 자라지 못했다. 그래서 이번에는 상추 씨앗을 심어봤다. 신기하게도 씨앗을 심은 지 단 이틀 만에 싹을 틔우고는 싹 트기 무섭게 무럭무럭 자랐다. 얼마나 쑥쑥 자라던지 아침에 보고 나서 저녁에 보면 상추 크기가 달랐다. 그 모습이 어찌나 예쁘던지 아침에 눈을 뜨면 밤새 쑥쑥 자란 상추를 보며 흐뭇했고, 저녁에 퇴근하고 와서 또 감탄했다. 반려동물이 반겨주는 것처럼 상추가 매일 쑥쑥 자란 모습으로 나를 반겨주는 듯했다. 인생에서 뭔가를 얻기 위해서는 정성을 많이 쏟아야 하는데 상추는 단지 물만 줬을 뿐인데도 보답하는 것처럼 쑥쑥 자랐다. 해준 것도 없는데 이렇게 큰 기쁨을 주는 것이 또 있을까 싶었다. 쑥쑥 자라는 모습을 보며 생명력을 느끼는 동시에 상추가 열심히 성장하는 것처럼 나도 쑥쑥 잘 성장해야겠다는 의지도 샘솟았다.

뜯어 먹을 수 있을 만큼 상추가 자랐을 때는 친구들을 초대해서 유기농 상추와 함께 삼겹살 파티를 하며 즐거운 시간을 보냈다. 한가득 뜯어 먹었는데도 상추는 이 주 정도가 지나면 또 먹을 수 있을 만큼 한가득 자라 있었다. 그때부터는 상추를 뜯어서 선물하기 시작했다. 상추를 선물받고 고마워하는 사람들을 보면서 또 한 번 기쁨을 느낄 수 있었다. 그냥 마트에서 손쉽게 사 먹을 수 있는 상추 하나가 나에게 계속 행복을 주었다.

여기서 끝이 아니었다. 겨울이 오자 상추를 다 뽑아내고 베란다에 화분을 넣고는 문을 닫아놓았었다. 봄에 베란다 문을 열었는데 세상에나 화분 3개에서 상추가 새로 또 자라고 있었다. 따뜻한 봄이 되자 작년에 싹 틔우지 못했던 씨앗이 발아하여 쑥쑥 자라고 있던 것이다. 생명의 신비에 놀라면서도 반갑고 기특했다. 나머지 화분에도 대파와 케일, 부추를 심고는 작년처럼 아침저녁으로 야채들이 쑥쑥 자라는 모습을 보며 매일같이 작은 행복을 누리고 있다. 자라는 모습을 보며 흐뭇하고 수확해 먹을 때 자부심을 느낀다. 앞으로도 쭉 야채를 기르며 아침저녁으로 소소한 행복을 누려 나갈 것 같다.

좋아하는 것들로 일상이 가득 차 있는 지금과 달리 과거에는 해야만 하는 일들에만 집중했고 나를 챙기는 일에는 관심 자체가 없었다. 일상에서 소소하게 나를 즐겁게 할 줄도 몰랐고 당연히 지치고 힘들 때 나를 위로하는 법도 몰랐다. 일상의 소소한 행복을 위해 시간과 돈 쓰는 걸 아까워하면서도, 스트레스를 받으면 예쁘지만 쓸모없는 것들을 충동적으로 샀다. 일상의 작은 행복이 없으니 계속해서 여행을 갈망했고 국내여행이든 해외여행이든 틈만 나면 돌아다니기 바빴다. 풀지 못하고 쌓인 스트레스를 쓸데없는 것들을 사는 찰나의 기쁨으로 잠시나마 해소했고 일상 탈출 도구로서 언제나 여행 가기만을 원했다. 여행을 가는 그 시간 이외의 일상이 버거웠지만 스트레스를 푸는 방법도 몰랐었다. 나를 알아가려는 적극적인 노력을 하지 않으니 뭘 하면 기쁨을 느끼는지도 모른 채 쇼핑과 여행으로 감정을 해소했던 것이었다. 당시엔 쇼핑과 여행을 무척이나 좋아한다고 생각했지만, 지금은 필요한 물건만을 구매하고 여행을 가지 않아도 일상 안에서 행복함을 느낀다. 과거에 매일같이 갈망하던 쇼핑과 여행은 지금 보니 해도 좋고 안 해도 좋은 것들이었다. 나에 대해서 완전히 무지했던 것이다. 내가 뭘 하면 좋아하는지 모르니 나와 사이가 좋을 리 만무했다.

하루 중에 채소를 바라보고 물을 주는 시간을 따져본다면 5분 정도일 것이다. 5분은 짧은 시간이지만 상추를 보살피는 동안 큰 행복을 맛볼 수가 있다. 이렇게 작지만 자신을 행복하게 해주는 장치들이 일상에 가득하다면 내면이 평화로울 수밖에 없다. 기분이 좋아지는 활동을 찾기 위해서는 호기심이 생기는 일이 있으면 적극적으로 경험해보고 좋아하는지 확인할 기회를 가져야만 한다. 경험이 늘어갈수록 자신의 취향에 대해 많이 알게 되고 자신의 일상에 소소한 행복들을 배치할 수 있게 된다. 하루를 채우는 감정의 질이 좋아지면 당연히 자신과의 사이도 좋아진다.

일상의 작은 행복이 마음을 단단하게 한다

이순신 장군은 대한민국 국민 모두가 존경하는 훌륭한 영웅이다. 영웅이 아닌 한 사람으로서 그의 삶을 바라보면 한없이 안타까운 마음이 든다. 이순신 장군은 나라를 구하는 공을 세우고도 정치적인 이유로 죄인이 되어 백의종군해야 했다. 백의종군하는 아들을 보기 위해 여수에서 배를 타고 올라오던 어머니는 도중에 객사하고 만다. 슬픔을 추스를 새도 없이 그동안 이순신과 적대적 관계에 있던 원균이 숙련된 조선 수군과 거북선을 칠천량 해전에서 대부분 잃어버렸다는 소식을 듣게 된다. 이런 상황에서 이순신 장군은 또다시 12척의 배만으로 명량 해전에서 대승을 거두었다. 기적 같은 승전 뒤 일본군이 보복으로 이순신 장군의 고향을 공격했고 그 과정에서 이순신이 아끼던 셋째 아들이 전사했다. 이 모든 일이 1597년 단 1년 만에 벌어진 일이다.

나라를 구하고도 죄인이 되어 백의종군했던 그 억울함을 어떻게 풀어내셨을까. 설상가상으로 자신을 보러 오려다 돌아가신 어머니에 대한 죄책감과 슬픔을 어찌한단 말인가. 장례조차 제대로 치를 수 없는 그 비통함은 말로 표현할 수조차 없으셨을 것이다. 나라를 구한 대가로 아끼던 아들을 잃었는데 전시 중이라 자식 잃은 고통과 슬픔을 표현하지도 못하셨다. 얼마나 고통스러우셨을지 상상조차 가지 않는다. 그럼에도 나라를 구하겠다고 전장에 다시 나가신 모습에 깊은 존경심이 절로 우러나온다.

보통의 사람이었다면 질투심 많고 치졸하고 어리석기까지 한 임금에 대한 분노와 원망으로 치를 떨었을 것이다. 어머니와 아들을 잃은 큰 슬픔에서 헤어나오지 못했을 것이다. 수없이 절망하고 괴로운 감정에 휩싸여 세상을 원망하고 나라를 내팽개친다 해도 누구도 뭐라고 하지 못했을 것 같다. 그런데 또다시 백성을 구하기 위해 전장에 나가셨다. 그 단단한 내면의 힘은 도대체 어디에서 나오는 것일까.

인지심리학자 김경일 교수는 여러 강연에서 이순신 장군의 힘은 소소한 행복을 추구하는 데서 나온다고 했다. 난중일기를 분석해보면 대부분이 산책하고, 장난치고, 밥을 먹은 이야기로 채워져 있다고 한다. 부하들이 말을 안 들었을 때는 갓김치에 돌문어를 드시고, 조정 대신들에게 모함을 받아 괴로우셨을 때는 파전에 동동주를 드셨다고 한다. 또 스스로의 능력에 자괴감을 느끼셨을 때는 대장간에 들러 대장장이 친구에게 넋두리를 하셨다고 한다. 난중일기를 분석해보면 각 스트레스에 대응하는 해소법이 정확한 패턴으로 동일하게 나타나는데 그 패턴이 150여 개가 된다고 한다.

이순신 장군은 각 스트레스 상황에 대응해서 본인을 기운 나게 만드는 방법이 무엇인지 정확히 알고 계셨다. 매일 본인의 기분을 적극적으로 돌보셨기 때문에 그토록 마음이 단단해진 것이다. 일기를 쓰며 하루를 돌아보니 자신이 무엇을 하면 기분 좋은지 알아차리실 수 있었고, 감정이 좋지 않을 때마다 적극적으로 본인의 기분을 돌보며 스스로를 챙기셨던 것이다. 일기 쓰는 행위 자체도 리더로서 부하들에게 표현하지 못하는 불안감과 고뇌들을 풀어내며 스스로의 감정을 다스리던 방법이었을 것이다. 이순신 장군께서 고통스러운 상황에서도 극적인 승전만을 거두실 수 있었던 것은 본인을 잘 알고 적극적으로 마음을 돌보는 노력을 했기 때문인 것이다.

고통은 주관적인 것이지만 우리가 일상에서 겪는 그 어떤 고난도 이순신 장군의 고난과 비견할 수 없을 것이다. 고통스럽고 슬픈 상황에서도 산책하고, 맛있는 걸 먹고, 수다를 떠는 일상의 작은 행복들이 모든 비통한 일들을 뒤로하고 성군이 될 수 있도록 해주었다. 일상을 좋아하는 것들로 가득 채우고 그로 인해 작은 행복들을 계속해서 느낀다면 성군은 되지 못하더라도 최소한 내면이 온화하고 긍정적인 사람은 될 수 있다. 일상의 작은 행복들을 계속 느끼면 부정적인 생각이 들어올 틈이 없다.

부정적인 기분이 들면 즉시 자신의 기분을 좋게 만들 수 있는 필살기 몇 개 정도는 알고 있어야 한다. 기분이 좋아지면 자신을 미워하거나 남을 미워하는 데 더는 정신을 쏟지 않게 된다. 짜증나는 기분이 부정적인 생각을 몰고 오고 좋은 기분이 행복한 생각을 가져온다. 자신과 잘 지내려면 좋은 시간을 보내야 하고 시간의 질을 높이기 위해서는 자신의 기분을 잘 돌보아야 한다. 기분이 언제 어떻게 변하는지 세심하게 관찰해 자신이 무엇을 좋아하고, 스트레스를 받으면 어떻게 풀어야 하는지 계속해서 알아가야만 한다. 일상을 좋아하는 것들로 가득 채워 작지만 소소한 행복들을 계속해서 느끼면 자신과 좋은 시간을 보낼 수 있을 뿐만 아니라 역경도 이겨낼 수 있는 단단한 마음을 갖게 될 것이다.

당신은 다만 당신이란
이유만으로도 사랑과 존중을 받을
자격이 있다.

- 앤드류 매튜스 -

자신을
사랑하는 것이 평생
연애의 시작이다.

- 오스카 와일드 -

2장

착하고 배려심도 높지만 자존감이 낮은 사람들 곁에는

자존감을 낮추는 자존감 도둑들이 붙기 쉽다.

일상의 자존감 도둑들을 손절하고

좋은 사람을 곁에 두는 분별력을 키우는 것만으로도

평온한 마음 상태를 유지하며 자신의 삶에 집중할 수 있게 된다.

자신의 내면을 바로 세우고 좋은 사람들과 좋은 관계를 맺을 때

자존감은 저절로 올라간다.

좋은

사람들로

주변을

채워라

01
자존감 도둑으로부터 도망쳐라

검은 구름에 둘러싸여 있는
사람을 경계하라.

– 발타자르 그라시안

자존감 도둑은 당신 주변에도 있다

2021년도에 인터넷 포털 사이트 네이버의 국어사전 조회수 1위 단어는
'가스라이팅'이었다고 한다. 당시 한 배우가 자신의 연인을 통제했던 것
이 알려지게 되었고 그 과정에서 가스라이팅 정황이 포착되며 화제가 되
었다. 이 일은 컬럼비아대학교 사범대 교수이자 심리치료사로 30년 이상
활동한 '로빈 스턴'이 명명한 심리 용어 '가스라이팅'이라는 단어가 전 국

민에게 알려지는 계기가 되었다.

가스라이팅은 타인의 심리나 상황을 교묘하게 조작해 그 사람이 스스로를 의심하게 만들어서 타인에 대한 지배력을 강화하는 행위를 말한다. 가스라이팅은 의도적이든 비의도적이든 자신과 가깝고 친근한 대상을 통제하고 조작하려는 욕구에서 비롯된다고 할 수 있다. 가스라이팅이라는 단어가 수면 위로 드러난 이후로 가스라이팅 관련 뉴스가 지속적으로 보도되며 우리 사회 곳곳에 가스라이팅이 만연해 있다는 것을 보여주었다. 가스라이팅은 부모와 자식, 선생과 학생, 상사와 부하, 연인 등 모든 관계에서 일어날 수 있다.

스스로를 믿지 못하고 자존감이 낮다면 주변에 자신을 가스라이팅하는 사람이 있을 가능성을 염두에 두어야 한다. 보통 피해자들은 자신이 가스라이팅 피해자라는 것을 인지하지 못한다. 우선 가해자는 자신의 문제를 교묘한 방법으로 피해자에게 모두 전가하기 때문에 문제의 원인이 피해자 자신에게 있다고 착각하게 한다. 또한 가스라이팅은 가까운 사람에 의해 이루어지기 때문에 피해자는 애정을 가지고 있는 상대에게 자신을 통제하려는 의도가 있다고는 생각하지 못하는 것이다.

감정 학대 방법인 가스라이팅을 자유자재로 사용하는 사람들이 있다.

바로 자기애성 성격장애를 가진 나르시시스트와 소시오패스이다. 자기애성 성격장애를 가진 이들은 극단적인 자기애를 가진 사람들로 자신을 과장되게 평가하고, 돌보이고 싶은 욕구가 과도하기 때문에 다른 사람들을 인정하거나 공감하지 못한다. 건강한 자존감을 가진 사람들은 자신을 존중하고 사랑하는 만큼 타인을 존중하며 배려하지만 자기애성 성격장애를 가진 이들은 다른 사람들에게 피해를 입히는 데 스스럼이 없다. 상대의 감정을 조종하여 자신이 원하는 것을 얻어내는 나르시시스트, 소시오패스들은 어릴 때부터 교묘하게 상대의 불안감이나 수치심을 자극하는 법을 연마해왔다. 자신의 감정을 해소하기 위해 주변인에게 심리적인 상해를 입히고 자신의 목표를 위해 다른 사람을 조종하고 속이는 데 거리낌이 없다.

다른 사람의 입장을 항상 배려하거나 착한아이 콤플렉스를 가진 사람들은 일부러 다른 사람들의 기분을 나쁘게 하려는 사람이 있다는 사실 자체를 모르기 때문에 이들의 존재에 충격을 받기도 한다. 세상에는 본인의 이익을 위하여 금전적 이득을 취하려는 사기꾼들이 있듯이 남의 감정을 착취하여 스스로 해결하지 못하는 자신의 감정적 허기를 채우는 이들이 있다. 사기꾼은 신고라도 할 수 있지만 남들의 자존감을 지속적으로 무너트리는 나르시시스트, 소시오패스들은 오히려 자신들이 피해자인 척까지 하면서 본인들로부터 상처받은 이들을 기만한다.

나르시시스트는 유치한 방법으로 당신을 조종한다

나르시시스트는 처음에는 환심을 사기 위해 애정을 보여 주다가 서서히 자신이 원하는 것을 얻기 위해 상대를 조종하는 기술들을 사용한다. 그 기술들은 대단한 것이 아니라 과거의 기억을 편집하고 왜곡하며 상대를 혼란스럽게 하는 식이다. 확신에 찬 목소리로 재구성한 이야기를 하며 상대의 기억이 잘못되었다고 말하는 것이다. 확신에 찬 목소리로 당당하게 이야기하기 때문에 상대는 본인의 기억을 신뢰하지 못하게 되는 것이다. 자기가 유리한 대로 말을 바꾸는 데에도 능숙하기 때문에 이들의 말에는 진정성이 없다. 거짓말도 잘하고 자기중심적이기 때문에 어떤 상황에서도 본인의 잘못을 인정하지 않고 상대가 잘못됐다는 식으로 몰아갈 수 있다. 본인이 명백하게 잘못했어도 상대가 이해심이 없고 예민해서 벌어진 일이라고 책임을 전가하는 것이다. 이들은 외부에 보이는 이미지와 체면을 중요하게 생각하여 밖에서는 좋은 모습을 연기하기 때문에 피해자는 점점 혼란스러워진다.

나르시시스트는 사람들의 급을 나눠서 자신보다 지위가 높은 사람들에게는 아부하고, 지위가 낮다고 생각하는 사람들에게는 가차 없는 모습을 보인다. 이들에게 사람에 대한 존중은 없다. 아부하던 상대의 지위가 낮아지면 이들은 바로 무시하는 모습을 보인다.

　나르시시스트는 자신의 감정 조절에 취약하기 때문에 쉽게 남 탓을 하며 언제 화를 낼지도 모른다. 본인에게는 관대하지만 상대에게는 쉽게 분노하기 때문에 함께 있으면 눈치를 볼 수밖에 없게 된다. 본인은 마음대로 하지만 상대방에게는 자신이 만든 지켜야 할 규칙들을 강요하고 그 틀에서 벗어나는 즉시 분노를 표출하며 길들이기 위해서 유치한 감정적인 복수를 한다.

　관계가 깊어질수록 '널 위해서 하는 말'이라며 단점을 지적하고 학대하는 나르시시스트 옆에서 상대는 심리적으로 취약해진다. 이런 과정에서 피해자는 본인을 믿을 수도, 사랑할 수도 없게 되어 나르시시스트가 의도하는 대로 조종 당하게 되는 것이다.

　막 입사한 회사에서 불같이 분노를 폭발하는 상사 때문에 퇴사를 고민하던 지인이 있었다. 상사는 신입사원인 지인이 실수할 때마다 크게 분노하고 화를 내며 "다 너 잘되라고 그런 거다.", "나는 너에게 기회를 수없이 주었는데도 너는 번번이 실망시켰다.", "나는 신입 때부터 잘했는데 너는 형편없다."라는 식으로 말을 했다고 한다. 그 직장 상사는 항상 본인의 능력을 우쭐댔고 신입사원이라 당연히 실수할 수밖에 없었던 지인을 몰아세웠다고 한다.

　그는 전형적인 나르시시스트 유형이라고 할 수 있다. 자신의 비정상적인 분노 표출은 합리화하고 신입사원의 당연한 실수에는 온갖 비난을 퍼부으며 상대에게 수치심을 전가해 온 것이다. 실수할 때마다 폭풍처럼 쏟아지는 멸시와 분노에 신입사원의 마음은 편할 리 없고 실수도 늘어갔을 것이다. 진심으로 신입사원의 발전을 원했다면 자신의 화를 분출하는 감정 쓰레기통으로 이용하지는 않았을 것이다. 상식적이지 않은 분노 표출 방식을 "네가 못해서.", "다 너 잘되라고."라고 합리화하는 것은 오직 본인을 위해서일 뿐이다. 상대를 자신이 원하는 대로 통제하고 본인의 기분이 나쁠 때마다 상대를 이용하여 감정을 털어 버렸던 것이다.

　만약 지인이 상사의 말을 받아들여 자기 잘못이라고 생각하고 더 잘하려고 노력하고 인정받으려 했다면 상사의 목적이 달성되는 것이다. 지인을 자신의 통제하에 두면서 우쭐한 감정을 느끼고 부정적인 감정을 전가하며 우월감을 채울 수 있기 때문이다. 그런 과정에서 지인은 상사의 통제와 비난 속에서 천천히 자존감을 잃어 갔을 것이다. 노력함에도 불구하고, 아니 노력할수록 상사는 지인을 더 많이 무시하고 학대하게 된다. 나르시시스트는 결코 상대를 인정할 줄도 모르고 영원히 만족시킬 수도 없는 존재들이기 때문이다.

나르시시스트, 손절만이 답이다

우리는 지인의 상사처럼 남의 기분을 습관적으로 상하게 하는 사람들을 심심치 않게 보며 살아 간다. 꼭 나르시시스트, 소시오패스 같은 사람이 아니라도 자신이 가진 열등감 때문에 다른 사람들을 끊임없이 비판하고 부정적인 말을 내뱉는 사람들 말이다. 우리 주변에 이러한 사람들이 있다면 우리는 심리적 방어벽을 세워야 한다. 멀리할 수 있다면 최대한 멀리하고 그럴 수 없는 상황이라면 그들의 먹잇감이 되지 않도록 자신과 타인 사이의 경계선을 명확하게 세울 줄 알아야 한다.

나르시시스트, 소시오패스 그리고 자신의 감정을 남에게 전가하여 해소하는 사람들은 겉으로는 강해 보이지만 누구보다 멘탈이 약한 사람들이다. 강자 앞에서는 저항하지 못하고 착한 사람만 괴롭히는 못난 모습을 보이는 것도 자존감이 결여되어 있기 때문이다. 자신의 욕구를 무시하고 다른 사람들에게 인정받길 바라던 사람은 비정상적인 타인의 의도를 파악하지 못한다. 다 네 잘못이라고 말하는 상대의 말을 그대로 받아들이고 더 노력하며 인정받으려고 하는 순간 그 관계는 파멸적인 관계가 된다. 관계의 모양을 빨리 알아차리고 거리를 두어야 소중한 자신을 지킬 수 있다.

건강한 관계는 서로의 발전을 원하며 서로에게 좀 더 좋은 사람이 되길 원한다. 상대를 존중하고 상대가 건강하고 행복하기를 바란다. 만약 어떤 관계에서 지속적으로 불편함이나 죄책감을 느끼며 빈번하게 사과하게 된다면 그 관계에 대해서 다시 생각해 보아야 한다. 스스로 예민한 것인지 자꾸 고민하고 비난을 받을까 봐 두려운 마음으로 눈치를 보고 있다면 그 관계가 자신보다 소중한지 고민해 볼 문제다. "너는 너무 예민해.", "왜 이렇게 민감해?", "남들은 안 그런데 너만 그래.", "네가 그렇게 하는 거 다른 사람들도 다 이상하게 생각해.", "왜 이렇게 이해심이 없어?"라는 말을 들으며 자신 스스로를 계속 돌아보고 점검하고 있다면 당신은 이미 건강하지 못한 관계에 종속된 것이다. 당신의 고민에 공감하거나 해결방법을 고민하지 않고 당신의 결점에만 초점을 맞추는 사람이 있다면 그 사람은 당신의 자존감을 갉아먹는 뱀파이어일 뿐이다.

전문가들은 모든 성격장애 중에 가장 고치기 힘든 유형이 자기애성 성격장애 유형이라고 말한다. 스스로가 잘못됐다는 것을 결코 인정할 수가 없기 때문에 치료도 불가능한 것이다. 따라서 일반인들은 이들을 절대 바꿀 수가 없다. 그들은 결코 변하지 않는다. 내가 희생하면 그들도 알아줄 거라는 믿음, 잘 설명하면 이해해 줄 거라는 믿음 같은 것은 애초에

버려야 한다. 나르시시스트라는 것을 인지했다면 얼마나 깊은 관계를 맺고 있던 그 관계에서 벗어나야만 한다. 자신을 잃어도 될 만큼 소중한 관계는 없다. 당신을 망치고 있는 사람이 있는지 주변을 한번 돌아보길 바란다. 손절을 잘 하는 것은 자신의 에너지를 보존하고 좋은 사람을 곁에 둘 수 있는 인생의 기술이다.

상대를 손절할 수 없다면 돌멩이가 되어라
: 회색 돌 전략

나르시시스트와는 손절이 답이지만 손절할 수 없는 관계에 놓여 있다면 회색 돌(Gray rock) 전략을 사용할 수 있다. 길에 있는 회색 돌멩이는 시선을 끌지도 않고 발로 차면 그냥 튕겨져 나간다. 몇 번을 차도 똑같다. 어떤 자극을 줘도 아무 일도 일어나지 않는다. 회색 돌 전략은 회색 돌멩이처럼 지루한 사람으로 자신을 포지셔닝하는 방법이다.

나르시시스트들은 자신 때문에 주변인들이 감정적으로 동요하기를 원한다. 관심을 원하는 그들에게 사적인 이야기를 하지 말고 침묵을 유지하며 느긋하고 차분하게 움직임으로써 감정적으로 동요하지 않는 재미없는 사람이 되는 것이다. 감정적인 반응을 보이지 않고 대화도 필요한 말만 간략하게 함으로써 당신에게서 흥미를 거두도록 만들어야 한다. 나르시시스트들은 상대를 조종하길 원하기 때문에 논쟁하길 좋아하고 자신의 의견이 옳다는 것을 증명하고 싶어 한다. 그들과 논쟁하지 말고 생각이 다르다고 말하고 대화를 어서 종료시켜야 한다. 어차피 그들의 말에는 진실이 없고 단지 당신을 이기고 굴복시키기 위해 아무 말이나 내뱉는 수준이기 때문에 의견을 나누거나 설득한다는 것은 애초에 불가능하다. 나르시시스트는 상대를 화나게 하는 방법을 잘 알고 있으며 상대가 통제력을 잃고 분노하는 모습을 보고 싶어 한다. 당신이 꿈쩍도 하지 않는 회색 돌이라는 것을 알면 그들은 흥미를 잃고 당신을 통제하려는 충동을 멈출 것이다.

사람들에게 호의를 보이며 열린 마음으로 대하는 것은 좋은 태도다. 하지만 다른 사람들을 자신의 의도대로 휘두르고자 하는 이들에게는 최대한 말수를 줄이고 거리를 유지하는 것이 현명한 처사다.

02

기분이라는 나침반을 신뢰하라

직감을 의심하지 마세요. 여러분의 몸은 나쁜 진동을 감지할 수 있습니다. 마음 깊은 곳에 있는 어떤 것이 어떤 사람이나 상황에 대해 옳지 않다고 말한다면, 그것을 믿으세요.

– 모건 프리먼

감정은 관계에 대한 진실을 알려 준다

자기애성 성격장애를 가진 사람들은 자아도취적인 모습을 보이며 자신감이 넘치는 사람을 연기한다. 다른 사람에게 좋은 사람으로 보이는 데 최선을 다하기 때문에 호의적인 모습으로 다가가는 것이다. 그래서 나르시시스트라는 것을 알아차리기까지 상당한 시간이 소요된다. 남의 자존감을 갉아먹기 때문에 불쾌한 얼굴을 하고 있을 것 같지만 누구보다 당신을 염려하고 칭찬하며 좋은 사람 혹은 매력적인 사람의 얼굴을 하고 있는 경우가 많다는 것이다.

자기애성 성격장애를 가진 사람 중에는 불쌍한 얼굴을 하고 있는 경우도 있다. 자신을 불쌍한 사람으로 설정한 후 끊임없이 불쌍한 이야기를 하면서 자신을 연민하게 만든다. 불쌍한 모습으로 연민과 동정심을 이끌어 내면 여러 가지 부탁을 들어 주게 만들 수 있기 때문이다. 상대에게 불쾌한 말을 해서 갈등이 발생했는데 사과를 하지 않고 갑자기 자신이 유년 시절에 얼마나 불쌍하게 살아 왔는지 늘어놓는 사람도 보았다. 자신이 그렇게 불쌍하게 살았던 것을 상대가 알았다면 자신에게 뭐라고 하지 못했을 것이라고 합리화하며 주변인들의 동정을 샀다. 자신의 잘못을 인정하고 사과를 해야 하는 상황에서 불쌍한 자신을 이해하지 못하는 당신이 잘못되었다고 본질을 흐리는 것이다. 보통의 사람은 동정심이나 연민이 생기면 상대의 잘못을 따지지 못하고 그냥 넘어간다. 자신을 불쌍한 대상으로 포지셔닝함으로써 사과하지 않고 상대의 감정 상태를 조종하여 원하는 것을 얻어내는 전형적인 나르시시스트의 모습이라고 할 수 있다.

실생활에서 이렇게 다양한 얼굴을 하고 있는 자존감 도둑들을 어떻게 알아볼 수 있을까? 다행히 우리에게는 성능 좋은 탐지기가 있다. 그것은 바로 감정이다. 일반적인 관계에서는 공감을 주고받으며 편안한 관계를 가진다. 그런데 어떤 사람하고만 있으면 뭔지 모를 찜찜함이나 수치심, 죄책감, 동정심 같이 유쾌하지 않은 감정을 느낀다면 그 관계는 건강하지 않다고 볼 수 있다. 당신에게 좋은 사람이 아니라는 시그널을 감정이 보내고 있는 것이다.

자기애성 성격장애를 가진 사람들은 결코 사과하지 않는다. 죄책감이 없고 책임지는 것을 싫어하며 잘못을 인정하는 것은 자기 자신을 부정하는 것이라고 느끼기 때문이다. 이들은 99프로가 자신의 잘못이라도 1프로의 잘못을 꼬집어 전부 다 상대의 잘못이라고 매도할 수 있다. 그런 상황에서 논리적으로 반박하지 못하더라도 자신의 감정만은 억울함을 말해준다. 상대의 논리에 완전히 납득되어 잘못을 따지지 못한다 하더라도 속상한 마음은 지울 수가 없는 것이다. 그래서 우리는 감정을 신뢰해야한다.

만남 후의 감정을 신뢰하라

살다 보면 뭔지 모르게 찜찜하고 만날 때마다 불쾌한 기분이 드는 관계를 마주한다. 불쾌함의 이유를 모르거나 이유가 너무 사소해서 말을 꺼내기도 민망한 경우 말이다. 이런 경우엔 스스로가 예민하다고 생각하거나 별일 아니라며 넘어가게 된다. 우리를 병들게 하는 자존감 도둑들은 상대를 대놓고 비난하기보다는 돌려서 비난하는 스킬을 사용하곤 한다. 대놓고 비난을 하게 되면 자신의 평판도 나빠질 수 있기 때문이다. 대놓고 따지자니 예민한 사람이 될 것 같고 그냥 넘기기에는 기분이 사소하게 계속 상하는 그 경계의 지점에서 교묘하게 상대를 공격한다. 불쾌한 기분을 느낀 상대는 나눴던 대화를 생각하며 의도를 파악하려고 하거나 자신이 기분 나쁘다고 표현했어야 하는 상황인지 곱씹어 보게 된다.

좋은 관계인지 나쁜 관계인지 고민이 될 때에는 상대를 만나고 난 후 자신의 기분 상태를 살펴봐야 한다. 마음이 충족되고 즐거웠던 것이 아니라 마음이 찜찜하고 자꾸 내가 했던 말이나 상대가 했던 말을 생각하고 곱씹어 보게 된다면 그 관계는 좋은 관계가 아니다. 이유를 명확하게 알지 못해도 감정을 미묘하게 상하게 하는 사람이 있다면 당신에게 건강한 영향을 미칠 수 있는 사람이 아닌 것이다.

항상 만나고 나면 이유를 모르겠지만 찜찜한 기분이 들던 사람이 있었다. 아무리 생각해도 기분이 찜찜한 이유를 알 길이 없었다. 내가 무슨 이야기를 하면 그때 내가 어떻게 했어야 하는지에 대해서 조언해 주길 즐기던 사람이었다. 나에게 해주는 조언이 설득력이 없지도 않았고 현명한 방법이라는 생각이 들면서도 뭔지 모르게 석연치 않은 기분을 느꼈다. 그러다가 인간관계에 대한 강의를 들으면서 뭔지 모를 찜찜함의 이유를 알게 되었다. 상대는 내 말을 경청하며 진심으로 듣고 있었던 것이 아니라 나를 가르치는 우월적 지위에 서 있길 바랐던 것이었다. 나를 존중하지 않았기에 내 감정이 신호를 보내고 있었다. 그 강의를 듣지 않았더라면 그 사람을 만날 때마다 느껴지는 찜찜한 기분의 이유를 설명할 수 없어서 내가 예민한지 계속 돌아봤을 것이다.

찜찜하고 불쾌한 기분이 든다면 무조건 기분을 신뢰해야 한다. 논리적으로 설명할 수 없을지라도 감정은 관계에 대한 진실을 알려 주는 안테나로 작동하고 있다. 어쩌다 실수를 하고 불쾌한 기분을 느낄 수는 있어도 만날 때마다 거의 항상 기분이 상한다면 그 관계에는 자신이 인지하지 못하는 문제가 있는 것이다. 인간관계에 대한 통찰이 없다고 하더라도 우리에게는 감정이라는 훌륭함 나침반이 있다.

건강한 관계는 완벽한 관계를 말하는 것이 아니다. 사람은 언제나 실수를 하고 상대에 대해 잘 몰라서 선을 넘는 불쾌한 말을 던지기도 한다. 건강한 관계를 만들어 가는 사람은 실수로 인해 상대방이 불쾌함을 느낀다면 자신의 행동을 뒤돌아보고 잘못한 것이 있다면 뉘우치고 반성한다. 관계를 소중히 하는 보통의 사람들은 갈등을 적극적으로 해결할 의지를 가지고 타협해 나간다. 부딪치면서 서로에게 더 좋은 사람이 되어가는 것이다. 서로를 존중하고 인간관계를 소중하게 생각하기 때문이다. 상대에게서 지속적으로 불쾌감을 느낀다면 상대는 당신을 존중하고 있지 않을 가능성이 높다.

　물론 자신이 가진 상처나 열등감 때문에 상대의 이야기를 확대 해석하여 불쾌감을 느끼고 있는지도 잘 살펴야 한다. 자신 안의 문제로 인하여 상대의 말을 있는 그대로 받아들이지 못하고 잘못된 해석을 덧붙이고 있을 수도 있기 때문이다. 그러나 자신을 돌아보며 남에게 피해 주기를 싫어하는 사람이라면 자신이 좋은 사람임을 믿고 감정을 신뢰하길 바란다. 당신의 감정이 이성적인 말보다 훨씬 믿음직스러운 안테나로 작동할 것이다.

기분이 좋아지는 사람과 함께하자!

언제나 밝고 긍정적이라 주변에 좋은 영향을 미치는 사람들을 보고 '행복 바이러스'라고 말한다. 바이러스라고 표현하는 것은 사람이 가진 에너지가 주변에 전염성을 가지기 때문이다. 사람은 모두 저마다의 에너지가 있고 서로에게 영향을 주고받는다. 관계가 가까워질수록 서로에게 미치는 영향력은 점차 커진다. 감기 바이러스가 있는 사람과 가까이 있을수록 더 쉽게 감염되는 것처럼 사람이 가진 에너지도 가까운 사람에게 더 크게 전염된다. 자주 투덜거리고 불평불만이 많고 화를 자주 내는 사람이 있다면 그 사람은 가는 곳마다 주변을 어둡게 물들이고 주변 공기까지 냉각시킨다. 이런 사람이 바로 곁에 있으면 부정적인 기운이 스며들어 마음이 한없이 무거워진다. 반대로 긍정적이고 온화하며 다정한 사람이 곁에 있으면 따뜻한 마음이 생긴다. 사사건건 부정적인 사람을 곁에 둔다면 독감에 걸린 채로 인생을 사는 것과 같다. 부정적이고 불만이 많은 사람들은 자신의 인생에 만족하지 못하기 때문에 다른 사람들을 자신이 있는 현실로 끌어들이고 싶어 한다. 그래서 주변인의 감정까지 어둡게 물들이는 것이다. 반대로 긍정적인 사람과 함께하면 건강하고 행복한 마음을 갖기 쉽다. 주변인들과 어떤 영향을 주고받는지 생각해 보고 본인을 위해 긍정적인 영향을 줄 수 있는 환경을 구축할 줄 알아야 한다.

이탈리아 파르마대학 소속 생리학연구소 소장인 리촐라티(Giacomo Rizzolatti)는 원숭이가 다른 원숭이의 행동을 보기만 하는데도 자신이 움직일 때와 똑같은 뇌의 신경세포가 활성화되는 것을 관찰하고는 이를 거울 뉴런이라고 불렀다. 사람의 뇌에서도 타인의 행동을 거울처럼 반영하는 신경 네트워크가 작동한다. 타인의 행동을 보고 있거나 어떤 행동에 대한 설명을 듣기만 해도 자신이 그 행동을 하는 것처럼 뇌가 활성화된다. 덕분에 사람은 타인을 모방하여 학습할 수 있는 것이다. 움직임뿐만 아니라 다른 사람의 기쁨과 행복, 슬픔, 분노 등의 감정을 느끼며 공감할 수 있는 능력도 가지고 있다. 자신도 모르는 사이에 따로 교육을 하지 않아도 주변인들의 태도와 언행은 물론 감정 상태도 닮아 가게 된다. 언제나 불행을 이야기하는 사람과 함께 있으면 자신이 불행을 겪고 있는 것처럼 감정도 전염이 되는 것이다. 그래서 긍정적인 에너지를 내뿜는 사람과 함께 할 때 우리는 더 좋은 감정 상태를 가지고 살아갈 수가 있다.

자신의 우월성을 입증하기 위해 상대를 공격하며 불편함을 느끼게 하는 사람이든 습관적으로 부정적인 이야기를 늘어놓아 에너지를 빼앗아 가는 사람이든 이들과의 만남 후에 감정이 좋지 않은 것은 매한가지다. 당신의 감정을 습관적으로 부정적으로 만드는 사람이 있다면 이유를 생각해 볼 필요도 없이 거리를 두어야 하는 사람이다. 다른 사람이 내뿜는 에너지가 우리에게 영향을 미친다. 부정적인 사람과 깊은 관계를 유지한다면 일부러 인생의 난이도를 높이는 허들을 설치하는 것과 같다.

내 감정을 돌보는 것이 나를 돌보는 일이다. 함께 있으면 편안하고 공감을 나눌 수 있는 좋은 사람들을 곁에 두어야 마음이 풍요롭다. 만남 후의 감정이 상대에게서 받고 있는 직접적인 영향이고 상대방이 자신에게 좋은 영향을 줄 수 있는 사람인지 알려주는 진실의 지표이다. 어떤 영향을 받으며 살아갈지는 자신의 선택에 따라 달라진다. 좋은 선택이 자신을 행복하게 하고 인생을 풍요롭게 만들 수 있음을 기억해야 한다. 감정은 답을 알고 있다.

03

외롭다고 사람에게 의존하지 마라

누군가 꽃을 갖다 주길 기다리기보다는
자신만의 정원을 만들어 영혼을 스스로 장식하라.

– 베로니카 A. 쇼프스톨

외로울수록 사람 만나는 일에 신중하라

외로움은 인간의 숙명이라지만 참 견디기 힘든 아픈 감정이다. 미국 공중보건서비스단은 외로움이 하루에 담배 15개비를 피우는 것만큼이나 건강에 해롭다는 내용의 연구 결과를 발표했다. 이에 따르면 외로움과 고립에 시달리는 이들은 심장병에 걸릴 확률이 29% 더 높고, 뇌졸중 위험은 32%나 더 크다고 한다. 이처럼 외로움이란 감정은 건강에 직접적으로 영향을 미칠 만큼 사람을 힘들게 한다. 그래서 외로움이 느껴지면 사람을 찾고 싶고, 기대고 싶고, 의존하고 싶은 마음이 들기 마련이다. 그러나 외로울 때일수록 사람 만나는 것에 신중해야 한다.

동서양을 막론하고 '배가 고플 때 장을 보러 가지 말라.'는 격언이 있다. 허기진 상태에서는 뭐든지 다 먹을 수 있을 것 같아서 필요 이상으로 많이 사게 되기 때문이다. 배가 고픈 상태에서는 판단력이 흐려진다. 외로울 때도 마찬가지다. 외로우면 사람을 만나 해결하고 싶은 마음 때문에 사람에 대한 판단력이 약해진다. 마음이 여유로울 때는 만나지 않았을 사람을 곁에 두며 인연을 맺게 된다. 그래서 사이비 종교는 외로운 사람들에게 친절을 베풀며 다가간다. 또 어르신들에게 친절을 베풀며 고가의 제품을 파는 사기도 외로운 마음을 타게팅하는 것이다.

외롭다고 조급하게 사람을 만나면 나쁜 관계에 빠지기가 쉽다. 외로움을 피하기 위해서 나쁜 관계에 정착하게 되면 종국에는 사람에게 받은 고통으로 몸부림치게 된다. 외로움을 피해 도피한 관계 후에 남는 것은 상처밖에 없다.

인간관계에서 받은 상처는 오래 간다. 작은 상처라도 오랫동안 반복적으로 머릿속에서 상처받은 경험을 재생할 수 있기 때문이다. 상처는 마음속에서 반복 재생되며 다시 재발하고 덧난다. 마음의 상처는 언제든지 다시 파헤쳐지고 덧날 수 있기 때문에 몸의 상처는 금방 아물어도 마음의 상처는 잘 아물지 않는다. 외로움을 피하기 위해 사람에게로 도피하면 가장 소중한 자신을 상처 내는 대가를 치르게 된다. 도피한 관계에서 느끼는 잠깐의 짜릿함의 대가로 자신을 수없이 자해하는 고통을 얻는 것이다.

외로움을 피하기 위해 나쁜 관계로 도피했을 때 발생할 수 있는 최악의 상황은 나쁜 관계인 걸 알면서도 끊어 내지 못하는 것이다. 다시 외로워질까 봐 두려워서 나쁜 관계라는 것을 알지만 빠져나오지 못하고 그 상태에 머문다. 상대가 말은 함부로 하지만 착한 사람이라고 합리화하고 자신이 잘하면 좋아질 것이라는 그릇된 생각으로 시간과 에너지를 낭비한다. 그런 관계 속에서 자존감은 낮아질 대로 낮아져 자신에게 상처만 주는 사람을 위해 더 노력하고, 더 희생하는 것이다.

나를 채울 수 있는 사람은 나뿐이다

나쁜 관계가 끝나면 또 다시 나쁜 관계에 빠지는 굴레를 끊임없이 반복하는 사람들도 있다. 한두 번이야 그런 인연을 만날 수 있겠지만 패턴처럼 굳어져서 지속적으로 나쁜 관계에 빠지는 사람들 말이다. 나쁜 관계에서 받은 상처로 아파하면서도 또 비슷한 유형의 만남을 반복한다. 자신을 구제해 줄 좋은 인연이 어딘가엔 있을 것이라고 믿으며 자신을 진정으로 사랑해 줄 사람들을 끊임없이 찾아다니는 것이다. 자신이 채우지 못한 내면을 다른 사람이 채워줄 것이라고 기대하기 때문에 나쁜 관계에 빠질 수밖에 없다. 외로움 때문에 나쁜 관계에 빠지고, 외로울까 봐 그 관계에서 못 헤어나오고, 외로움을 버티지 못하여 다시 나쁜 관계에 빠지는 굴레를 반복하는 것이다. 나쁜 관계에서 얻을 수 있는 것은 딱 하나다. 자신이 스스로를 소중히 대하지 않았을 때 인간관계에서 무슨 일이 벌어지는지를 깨닫는 것이다.

자신을 소중히 여기지 않는 사람은 아무리 찾아다녀도 좋은 사람을 만날 수가 없다. 나쁜 관계를 반복하는 이유는 자신이 스스로를 사랑하지 못하기 때문이다. 자신을 사랑하지 않으니 아무리 관계로 도피해도 자신을 온전히 사랑해 줄 수 있는 사람은 없다. 자기가 자신을 사랑할 수 있을 때 좋은 사람과 건강한 관계를 맺을 수 있다. 자기 자신에게 좋은 사람일 때 건강한 관계도 찾아오는 것이다.

타인과의 관계를 통해서 자신에 대해서 깨달아야 한다. 분명한 것은 지금까지는 자신을 홀대하고 관계에 의존하며 살아 왔더라도 지금부터 자신의 의지에 따라 달라질 수 있다는 점이다. 나쁜 관계를 과거로 보내고 자신을 소중히 대하는 연습을 해 나가야 하다. 자신을 사랑하고 삶을 소중히 여기면서 살아갈 때 좋은 인연이 자연스럽게 곁에 온다. 외로움에 끌려다니느라 지친 마음을 보듬며 자신을 사랑하는 연습을 시작해야 한다.

우리는 흔히 외로움이란 감정이 주변에 사람이 없을 때 생긴다고 생각한다. 친구가 많다고 외롭지 않을까? 사람은 오히려 아는 사람이 많고, 참여하는 모임이 많을수록 외로워지기도 한다. 많은 모임에 참여하여 정신없이 보내다가도 정신을 차려 보면 마음의 허기를 느낀다. 여러 사람을 만나도 정작 정서적인 교감이나 유대감을 느끼기는 힘들기 때문이다. 외로움은 알고 있는 사람이 많다고 줄어들지 않는다. 아무리 사람들을 만나 즐겁고 재미있는 시간을 보낸다고 하더라도 근원적인 문제는 해결되지 않는다. 주변인들로 삶을 채울수록 마음은 빈곤해지고 관계에 중독된다. 어느 누구도 자신을 가득 채워 줄 의무는 없다.

주변인들도 모두 보통의 사람들일 뿐이다. 상처받은 사람들이고 불완전하며 그들도 인정받고 공감받고 싶어 하는 사람들일 뿐이다. 그들의 관심사는 내가 아니다. 모두가 타인의 인정을 원하지만 모든 사람의 관심은 본인 자신이다. 우리가 공감과 지지를 받고 싶어 하는 대상 역시 공감과 인정을 원하는 보통의 사람들일 뿐이다.

온전히 자기 삶에 집중하며 자신을 스스로 돌볼 수 있어야만 텅 비었던 마음을 채울 수가 있다. 남에게서 원하는 모든 공감과 인정과 사랑을 줄 수 있는 사람은 자신뿐이다. 수많은 인간관계 속에서 영원히 함께할 수 있는 사람도 자신뿐이다. 온전히 내 마음을 속속들이 들여다보며 여러 가지 감정을 공유할 수 있는 사람 역시 자신뿐이다.

외로움은 자신을 성장시키는 연료가 된다

사람은 시선이 타인을 향하지 않을 때 자기 자신을 잘 돌아볼 수 있다. 그래서 외로움을 피하지 말고 의도된 단절을 통해서 스스로를 보살피는 시간을 가져야만 한다. 외롭기 때문에 사람을 찾고, 심지어는 건강하지 못한 관계 속에서 빠져나오지 못하지만 곁에 누군가를 둔다고 문제가 해결되지는 않는다. 자신과 건강한 관계를 맺지 못할 때 외로움을 느낀다. 외로움은 타인이 채워주는 것이 아니다. 자신과 좋은 관계를 유지하며 혼자 있는 시간을 풍요롭게 쓸 수 있을 때에야 더 이상 외롭지 않게 된다.

좋아하는 음악으로 마음을 즐겁게 만들고 맛있는 요리로 스스로를 대접하면서 스스로와 좋은 시간을 보내는 것이다. 아침에 일어나면 거울을 보며 자신에게 좋은 말을 해 주고 스트레칭으로 몸의 긴장을 풀어 주며 감정을 돌보는 글쓰기를 하면서 질 높은 시간을 보낼 수 있다. 자신과 좋은 관계를 맺는다면 인생을 함께 살아갈 가장 좋은 친구를 얻게 된다. 타인과 관계 맺듯이 자신에게 친절하게 말을 걸고 성향을 파악하며 친분 관계를 유지하면 그 친구는 내가 기쁠 때나 슬플 때나 언제나 나를 응원해 준다. 스스로 외롭지 않을 때 타인과 건강한 관계를 맺을 수 있고 관계에도 집착하지 않게 된다. 외로워서 누군가를 찾는 대신 자기 자신에 대해 탐구하는 시간이 필요하다. 외롭다고 관계로 도피하는 것은 자신의 외로움을 가중시킬 뿐이다. 외로울수록 자신에게 더 외로운 시간을 허락해야 한다.

'시절 인연'이라는 말이 있다. 모든 인연이 인과 법칙에 의하여 정해진 시간과 공간이 갖추어졌을 때 일어난다는 뜻이다. 모든 일에는 때가 있고, 모든 사람과 사물의 인연에는 오고 가는 시기가 있다. 모든 일에는 각자의 때가 있어, 때가 맞으면 그 시절을 함께할 수 있는 인연이 된다. 원하지 않아도, 애쓰지 않아도 만나게 될 인연은 만나게 되어 있고, 반대의 경우엔 아무리 노력해도 만나지 못한다. 그래서 인연에 집착하거나 혼자가 될까 봐 두려워할 필요가 없다. 너무 많은 고통을 주는 관계는 보내줄 때가 되었다는 신호일 수 있다.

사람은 모두 저마다 혼자인 시기가 있다. 건강하지 못한 관계를 유지하느라 스스로의 자존감을 낮추며 괴로운 관계 속에 머물기보다는 보내줄 줄 알아야 한다. 혼자가 되는 것은 처량하거나 불쌍한 것이 아니다. 건강하지 못한 관계에 중독된 자신을 구하는 일이고, 종속된 자신에게 자유를 선물하는 일이다. 욕망하지 않는 관계와 단절하고 고요한 시간을 보내면서 내면을 성숙시킬 수 있다. 자신을 알아가고 성장할 수 있는 시간은 외로울 때에야 생겨난다. 고독은 자신을 성장시킬 수 있는 좋은 연료가 된다. 외로울수록 인간관계로 도피하지 말고 외로움을 즐기는 지혜가 필요하다.

04

안전거리를 지켜야 모두가 행복하다

사람을 대할 때는 불을 대하듯 하라.
다가갈 때는 타지 않을 정도로, 멀어질 때는 얼지 않을 만큼만.

– 디오게네스

관계마다 적정한 물리적 거리가 있다

대학생 때 친구와 만나기로 하고 각자 수업이 있었던 건물에서 서로를
향해 걸어갔다. 친구를 발견하고 인사를 하며 적당한 거리에서 멈췄는데
친구는 걸음을 멈추지 않고 내 코앞까지 밀착하여 걸어왔다. 나와 친구
사이의 거리는 불과 20cm도 되지 않을 만큼 가까웠다. 일상적이지 않은
거리까지 다가오는 친구를 보며 당황했다. 동그래진 내 눈을 보고 친구는

우리 사이가 아주 가깝다며 만족스럽다는 듯이 웃어 보였다. 나를 만나기 전 수업에서 친밀도와 사람 사이의 거리에 관하여 배웠다고 했다. 수업시간에 배운 내용에 의하면 내가 친구를 친밀하게 여기지 않았다면 그렇게 가까운 거리로 들어선 순간 뒷걸음질 쳤을 것이라고 말했다. 놀라고 당황해도 뒷걸음질 치지 않았으니 친밀한 관계임을 확인했다고 말이다.

미국의 문화인류학자 에드워드 홀은 상대와의 친밀도 및 사회적 관계에 따라 편안하게 느끼는 물리적 거리를 분류했다. 밀접한 거리(Intimate Distance Zone), 개인적 거리(Personal Distance Zone), 사회적 거리(Social Distance Zone), 공적인 거리(Public Distance Zone)가 그것이다. 밀접한 거리는 45cm 이내의 거리로 연인이나 가족처럼 친밀도가 높은 관계에서 허용되는 거리다. 자기 방어를 위한 최소한의 사적인 공간이므로 이 영역을 침범 당하면 거부감이나 공포감을 느낄 수 있다. 개인적 거리는 팔을 뻗었을 때만큼의 길이인 46cm~1.2m의 거리로 친구 등 잘 아는 사람끼리 일상적인 대화를 할 때 허용되는 거리이다. 동시에 격식과 비격식이 공존하는 경계 지점으로 자신과 다른 사람들 사이를 유지하는 작은 보호 영역이기도 하다. 사회적 거리는 약 1.2~3.6m의 거리로 사무적이고 공식적인 관계에서 허용되는 거리이다. 이 거리에서는 사람을 고립시키거나 차단시킬 수 있으며 서로의 간섭을 무시할 수 있다. 공적인 거리는 3.6~7.6m의 거리로 목소리가 커지고 몸짓 같은 비언어적인 커뮤니케이션으로 의사가 전달되므로 관객의 거리이면서 강연 등이 진행되는 거리이다.

친밀하지 않은 사람이 개인적 거리로 들어오면 긴장감과 경계심을 느끼며 반사적으로 뒤로 물러나게 된다. 문화별로 측정된 거리에 조금씩 차이가 있겠지만 서로의 관계나 상황에 따라 적절한 거리가 필요하다는 사실은 부정할 수가 없다. 개인적인 공간이 확보되어야 안전하다고 느끼고, 그 공간이 침해되면 불안과 위협을 느끼게 된다. 우리는 알게 모르게 이러한 개인의 물리적 거리를 지키며 살아간다. 누군가와 대화할 때 상대방이 자신이 생각하는 거리보다 너무 가까이 다가오는 것 같으면 자신도 모르게 뒤로 물러서는 식으로 말이다.

정서적으로도 안전거리가 필요하다

친밀도에 따라 물리적 거리의 허용치가 다른 것처럼 정서적으로도 관계에 따라 적당한 거리를 지켜야 한다. 너무 가까우면 서로에게 의존적이 되기 쉽고 너무 멀면 정서적 유대감을 느끼기가 힘들어진다. 물리적 거리는 함께 있는 모습을 보고 바로 알 수 있지만 정서적 거리는 함께하는 시간의 질이나 빈도, 사적 대화의 허용도, 삶 관여도, 말투 등 여러 가지 모양으로 설정할 수 있다. 거리가 멀어야 건강한 관계가 있고 가까워야 건강할 수 있는 관계가 있다. 소중한 사람과는 시간의 밀도를 높이고 중요하지 않은 사람들과는 사무적으로 대하는 등 관계마다 스스로 건강한 거리를 설정해야 한다.

사람마다 인간관계에서 원하는 거리가 다르다. 사람에 따라 유지하고 싶은 거리가 다르고, 가깝다고 느끼는 정도가 다르고, 가까워지는 속도도 다르다. 보편적으로 가까운 거리를 선호하는 사람들도 있고 거리가 가까워지면 멀어지길 원하는 사람도 있다. 밀접한 관계를 선호하는 사람은 자신의 호감과 호의에도 뜨뜻미지근한 상대의 반응을 보면 서운함을 느낀다. 반대로 거리를 원하는 사람은 적극적으로 다가오는 상대가 부담스럽다. 사람은 보통 자신을 기준으로 상대를 생각하므로 적극적으로 다가간 사람은 상대방에게 거절당한 것 같은 느낌을 받는다. 반대로 상대는 자신이 안전하다고 생각하는 안전거리를 침해 당할 것 같은 두려움을 느낀다. 우리는 두 경우를 모두 겪으며 살아간다. 친하다고 생각했던 상대에게 거리감을 느끼며 서운함이 생겼다거나, 아직 충분히 친하지 않은 관계에서 사적인 이야기를 털어놓는 상대를 어떻게 대해야 할지 몰라 당황했던 것처럼 말이다. 서로가 생각하는 정서적 거리가 다르면 관계에서 불편함을 느끼게 된다. 자신과 상대의 적당한 거리를 설정해 나가는 일이 서로를 존중하며 알아 가는 과정인 것이다.

　아무리 친밀해도 자신만의 공간이 필요하듯 아무리 가까운 관계여도 안전거리가 필요하다. 우리는 가까울수록 상대와 자신의 경계를 허물고 더 많이 기대하고 의존하며 살아간다. 친하다는 이유로 막무가내로 짐을 지우고 기대와 실망 사이를 오간다. 우리는 많은 관계에서 자신과 상대의 경계를 수시로 넘나든다. 또한 '정'을 중시하는 문화 속에서 의존하는 관계를 형성하는 것을 자연스럽게 받아들인다. 기대를 하고 그 기대를 충족하지 못하는 상대를 보며 서운해하거나, 반대로 기대를 하는 상대에게 부담감을 느끼며 살아가는 것이다. 가족이란 이유로, 연인이라는 이유로, 친구란 이유로, 수많은 관계에서 사랑이란 이름으로 의무를 지운다. 소중한 관계일수록 서로를 위해 존중의 벽을 세우고 그 벽을 넘지 않도록 예의와 배려가 필요하다. 모든 관계에는 안전거리가 필요한 것이다.

안전거리를 지켜야 모두가 행복하다

TV에서 중년의 여배우가 어린 여배우를 보면서 안쓰럽다는 말을 하는 걸 본 적이 있다. 중년의 여배우는 젊은 시절 본인에게 씌워진 예쁘고 청순한 이미지 때문에 평생 갈비 같은 음식을 먹을 때에도 손으로 잡고 뜯질 못했다고 했다. 청순한 이미지에 갇혀 본연의 모습대로 살지 못했던 자신이 안타깝고 앞으로 어린 여배우가 자신과 같은 삶을 살아갈 것이라 예상하니 안쓰러운 마음이 드는 것 같았다. 배우가 된 이후로 청순한 이미지 뒤에 감추어진 털털하고 인간적인 모습을 보일 수 없어 힘들었던 듯하다.

사람은 사회적 동물이므로 사람들 속에서 소속감을 느끼고 인정과 사랑을 주고받아야 한다. 자신과 관계 맺고 있는 사람들로부터 얻은 사랑, 존중, 공감, 인정 같은 따뜻한 감정들이 삶에 긍정적인 영향을 미친다. 건강한 관계 속에서 스스로를 가치 있게 느끼고 사회에 필요한 사람이라고 인식하게 되는 것이다. 하지만 상대방이 주는 달콤한 반응에 집착하게 되면 자기 발에 스스로 쇠사슬을 거는 것과 다름이 없어진다. 좋은 반응을 얻기 위해 상대의 눈치를 보고 자신의 기준이 아닌 상대의 기준에 의해 행동하는 불편함을 감수해야만 하기 때문이다.

연예인이 아니어도 모든 사람은 사회적 가면을 쓰고 살아간다. 다양한 역할에 따라 어떤 성향은 부각하고 반대되는 성향은 드러내지 않으면서 다양한 인간관계를 조율하며 살아가고 있다. 우리도 여배우처럼 사회가 원하는 가면을 쓰고 각자의 자리에서 최선을 다하며 살아가고 있다. 사회생활을 잘하게 만들어 주는 고마운 가면이지만 그 뒤에 드러나지 않은 진짜 본모습이 있다.

태어나면서부터 맺어진 혈연 관계, 행복하기 위해 맺는 친구 관계나 연인 관계 그리고 경제적 활동을 하면서 맺는 사회적 관계까지 우리는 많은 관계 속에서 살아간다. 밀접한 관계의 사람들은 서로를 사랑하기 때문에 여러 가지 기대를 가지고 서로에게 영향을 준다. 이 과정에서 경계를 확실히 하지 못하면 주변인들이 기대하는 모습을 충족하기 위해 살아가야 한다. 다른 사람들의 기대를 충족시키기 위해 정작 본인의 욕구는 뒷전으로 밀려나는 것이다. 다른 사람들이 자신의 삶에 너무 많은 영향력을 미치면 그들과 조화롭게 살려는 생각 때문에 자유를 잃어버리게 된다. 계속 주변인들이 원하는 가면을 쓰고 본모습을 감추면서 자신이 원하는 행복을 찾거나 자유로울 수는 없는 것이다.

아무리 밀접한 관계일지라도 어느 정도의 안전거리를 유지해야 자유롭게 자신이 정의한 행복에 다가갈 수 있다. 남이 정해 놓은 기준에 맞춰서 오랫동안 살다 보면 자신이 뭘 좋아하고 싫어하는지 잊어버리게 된다. 남이 인정하는 삶을 추구하게 되면 그 안에서 행복하지 않고 공허감을 느낀다고 하더라도 그 삶을 박차고 나오기가 힘들어진다. 다른 사람들의 인정을 받거나 기대를 충족하려는 마음속에서 자유로울 수 없다. 수많은 관계 속에서 자신의 욕망을 잃어버리고 누군가의 기대를 충족하는 삶을 살면서 자신을 찾을 수는 없는 것이다. 자신의 삶을 주체적으로 살면서 좋은 관계를 맺기 위해서는 서로의 안전거리를 존중해 줄 수 있어야 한다. 경계가 제대로 서고 거리를 지킬 때 개인은 주체적인 삶을 살게 되고 관계는 한층 더 건강해진다.

자신이 행복해야 다른 사람과의 관계도 건강하다. 모든 관계에서 제일 좋은 사람은 스스로가 행복한 사람이다. 가장 좋은 친구는 행복한 친구이고, 가장 좋은 자식은 행복한 자식이다. 부모 자식 관계에서도 자식은 부모가 행복하길 바라고 부모도 자식이 행복하길 바란다. 연인 관계, 친구 관계 등 소중한 관계를 맺고 있는 이들은 모두 당신의 행복을 바란다. 자신이 행복해지고 그 행복이 흘러넘칠 때 주변인들에게도 좋은 영향을 줄 수가 있다. 자신의 삶을 주체적으로 행복하게 살 수 있는 안전거리를 유지하는 것이 모두 행복해지는 길이다.

05

사람을 분별하고 소중한 관계에 집중하라

무수한 사람들 가운데는 나와 뜻을 같이할 사람이 한둘은 있을 것이다.
그것으로 충분하다. 바깥 대기를 호흡하는 데 들창문은 하나만으로 족하다.

– 로맹 롤랑

소중한 사람에게 집중하기에도 인생은 짧다

현대사회에서 나이 든다는 것은 슬픈 일로 여겨진다. 우리는 나이가
들면 신체적 · 정신적 능력이 당연히 떨어지고 인간관계 역시 매끄럽지
않을 것이라고 생각한다. 그래서 남의 말을 잘 수용하지 못하고 융통성
이 부족한 어르신들을 지칭하기 위해 '틀딱'이라는 말까지 생겨났다. 노
인이 되면 삶이 서글프고 불쌍할 것이라는 부정적 인식 때문에 나이 드

는 게 두렵게 느껴진다. 그러나 여러 나라에서 조사된 연령에 따른 삶의 만족도 그래프는 중년에 최저의 만족도를 보이며 나이 들수록 만족도가 올라가는 U자 형태를 보여준다. 나이들수록 행복하지 않을 것이라는 보편적 인식과는 다른 결과다.

노년기는 전체 생애에서 가장 성숙에 이른 시기이므로, 많은 경험을 통해 자신에게 소중한 가치가 무엇인지 알게 된다. 죽음이 멀게 느껴지는 청년층과 달리 장년층은 삶이 얼마 남지 않았다. 남은 시간을 알차고 의미 있게 보내야 한다는 마음이 삶의 만족도를 올리는 선택을 하게 만드는 것이다. 인생의 많은 문제는 인간관계에서 비롯된다. 노년기에 접어들면 자신이 정서적 만족감을 얻을 수 있는 사람들이 누구인지 분별할 수 있게 된다. 자신에게 중요하지 않은 사람들이 주는 스트레스를 거부하고 소중한 사람들과 함께 지낼 수 있게 되는 것이다.

비슷하게 시한부 판정을 받은 사람 중 많은 이들이 남은 기간 동안 인생에서 가장 아름다운 시간을 보낸다고 한다. 주어진 시간이 얼마 남지 않았기 때문에 삶에서 중요하지 않고 의미 없는 것들을 지워내고 가장 소중한 사람들과 함께 값진 시간을 보내기 때문이라고 한다. 우리는 살아가면서 정말 많은 일에 신경을 써야 한다. 먹고 살기 위해 경제적 활동을 해야 하고 그러면서 많은 인간관계를 맺는다. 내키지 않는 불편한 자리에 참석해 분위기를 맞추기도 하고, 여러 가지 이유로 싫은 사람의 비위를 맞추며 어울리기도 한다. 시한부 판정을 받으면 이런 관계가 무의미해지고 더 이상 그런 자리에 갈 필요도 없어진다. 소중한 사람들과 좀더 함께하며 유대감을 강화하는 시간을 보내는 것이다.

우리가 인지하든, 인지하지 않든 우리는 모두 다 죽음을 향해 달려가고 있다. 청장년기에는 죽음에 대해 생각하지 않더라도 우리의 시간은 유한하다. 소중한 사람들과 좋은 시간을 보내며 살기에도 인생은 짧다. 삶의 여러 단계를 거치면서 우리는 수많은 사람들과 인연을 맺고 헤어지는 것을 반복하며 살아간다. 나중에는 기억도 남지 않을 껍데기뿐인 인간관계에 너무 많은 신경을 쓰며 살아가고 있다. 진심이 없는 관계를 억지로 유지할 필요가 없다. 나이가 어릴수록 모든 사람을 만족시키려고 하지만 나이가 들수록 모두를 만족시킨다는 것이 얼마나 쓸데없는 망상이었는지 깨닫게 된다. 모두와 다 잘 지내려는 노력은 불필요하며 그럴 수도 없다. 인맥이 중요하다는 말을 항상 들으며 살아왔지만 단순히 인간관계를 넓게 가진다고 인맥이 좋다고 할 수 없다. 살면서 정말 많은 사람을 만나왔지만 서로를 존중하고 잘되기를 바라는 사람은 얼마나 되던가.

인간관계에도 미니멀리즘이 필요하다

몇 년 전부터 공간에 대한 미니멀리즘이 화두로 떠올랐다. 미니멀리즘은 물건을 줄임으로써 삶을 단순화하고 본질에 집중한다는 것이다. 예술에서 시작하여 공간을 넘어 라이프스타일까지 미니멀리즘을 추구하는 사람들이 점점 많아지고 있다. 우리는 소비를 부추기는 사회에서 살고 있다. 소비를 통해 잠깐 동안 즐거움을 얻지만 곧 새로운 물건이 나오고 이미 소유하게 된 물건에서 신상품으로 갈망의 대상이 이전된다. 소비를 통해서 얻을 수 있는 기쁨은 끊임없는 재소비를 통해서만 얻을 수 있기 때문에 삶을 더 지치게 만든다. 소셜미디어도 마찬가지다. 소셜미디어로 수많은 사람과 교류할 수 있게 되었지만 솔직한 감정을 나누는 공간이 아니므로 집착하게 될수록 정신적 공허함을 갖게 된다. 그래서 소비를 지양하고 본질에 집중하는 생활을 추구하거나 SNS를 멀리하는 움직임 등이 나타나고 있는 것이다. 우리는 우리의 주의를 끄는 자극제가 넘쳐나서 본질에 집중하기 어려운 사회에 살고 있다. 우리가 쓸 수 있는 에너지는 한정되어 있다. 자극제에 반응하다 보면 진짜 중요한 것에 쓸 에너지는 고갈되고 없어진다. 본질에 집중하기 위해서는 반응하는 삶에서 벗어나 스스로 선별하고 집중하는 노력을 기울여야만 한다.

인간관계에서도 마찬가지다. 현대인들은 스마트폰으로 인하여 혼자 있는 시간에도 다양한 인간관계에 노출되어 있고 그로 인한 피로감도 누적된다. 그래서 물건뿐만 아니라 인간관계에도 정리가 필요하다. 물건을 정리할 때는 자신에게 필요한 물건만 남기고 오랫동안 사용하지 않거나 더 이상 기쁨을 주지 않는 물건은 정리한다. 인간관계에서도 함께 있을 때 즐겁고 편안한 사람들에게 더 집중하고 불편한 상대는 멀리하는 지혜가 필요하다. 편안하지 않은 사람들과는 만나는 빈도나 시간을 줄임으로써 현명하게 거리를 두어야 한다. 불면증, 공황장애, 우울증 등 수많은 정신질환으로 정신병원을 방문하는 사람들의 문제를 본질적으로 파고들면 모두가 인간관계에 오는 스트레스 때문이라고 한다. 사람을 분별하지 않고 무턱대고 인간관계를 늘리는 것은 가장 소중한 자신을 위해한 환경에 방치하는 것과 같다.

불편한 인간관계에 휘둘리지 않게 되면 인생에 대한 고민이 줄어들고 한정된 자신의 에너지 자원을 불필요한 곳에 소모하지 않게 된다. 착한 사람들일수록 관계에 더 휘둘리고 그럴수록 자신을 챙기는 데 시간과 에너지를 쓰지 못하는 경향이 있다. 자신에게 진짜 중요한 가치가 무엇인지 돌아보고 자신의 자원을 적절한 곳에 분배해야 한다.

좋은 사람들과 함께해야 인생이 행복하다

『무소유』를 집필하셨던 법정스님께서도 함부로 인연을 맺지 말라고 하셨다. 진정한 인연이라면 최선을 다해서 좋은 인연을 맺도록 노력하고, 스쳐가는 인연이라면 무심코 지나쳐 버려야 한다고 말이다. 수많은 사람들과 인연을 맺음으로써 도움을 받기도 하지만 그에 못지않게 피해도 많이 당하는데 그 피해는 진실이 없는 사람에게 진실을 쏟아부은 대가로 받는 벌이라고 말이다.

수많은 사람들 중에서 자기가 마음을 쓰는 사람만이 자신의 인생에 들어온다. 영화에서 화면에 잡히지 않으면 존재하지 않는 사람들인 것처럼 우리 인생에서도 자신이 마음을 주지 않으면 어떤 사람도 영향력을 행사할 수가 없다. 현대사회에서는 접촉하는 사람의 수가 많을 수밖에 없다. 사람을 만나는 데는 에너지가 들고 사람을 자주 만나게 되면 피로가 누적된다. 우리의 시간과 에너지는 한정되어 있기 때문에 소중한 진짜 내 사람들을 곁에 두고 정성을 쏟아야 한다. 또 좋은 인연들이 곁에 머물 수 있도록 스스로 좀 더 좋은 사람이 되는 데 에너지를 쏟아야 한다. 불필요한 것들에 둘러싸여 인생을 살아갈 필요가 없다. 불필요한 인간관계에서 받은 스트레스가 쌓여 정작 소중한 사람들에게 소홀하게 되는 우를 범하는 것을 경계해야 한다. 좋은 사람들이 곁에 있을 때 인생은 행복해진다. 사람을 분별하고 소중한 사람들에게 정성을 쏟는 지혜를 발휘할 때 삶은 한층 아름다워진다.

자신이 먼저
행복하고 다른 사람을 만나야
서로 더 행복해지는 것이다.

- 윌 스미스 -

인생의 가장 큰 후회 중 하나는
스스로 원하는 사람이 아닌 다른 사람이
원하는 사람이 되는 것이다.

- 섀넌 L. 앨더 -

3장

자존감을 높이기 위해서

어떤 조건이 충족되어야 하는 것은 아니다.

자신이 어떤 모습일지라도 지금 당장 자신을 존중해야 한다.

자신을 존중한다는 것은 오늘 하루

잘 먹고, 잘 자고, 운동을 하며 일상을 돌보는 일이다.

매일매일 자신의 몸과 마음의 안부를 묻고 돌보는 일이

곧 자존감을 돌보는 일인 것이다.

일상이 건강하고 행복해야 자존감이 자라난다.

일상을

행복으로

물들여라

01
건강한 마음은 건강한 생활에서 온다

돈이 다 무슨 소용인가? 사람이 아침에 일어나고 밤에 잠자리에 들며
그 사이에 하고 싶은 일을 한다면 그 사람은 성공한 것이다.

– 밥 딜런

몸과 마음은 하나다

친구가 과거에 겪었던 일로 마음에 상처를 입은 지 오래되었다면서 조
언을 구해 온다면 어떤 말을 해 줄 수 있을까? 병원이나 심리상담센터에
서 상담을 받아 보라고 한다든가 마음 수련에 관한 좋은 책을 추천해 줄
수도 있을 것이다. 몸이 건강해지도록 운동을 해 보라고 하거나 밥을 잘
먹으라는 말을 하지는 않는다. 우리는 흔히 몸과 마음이 분리되어 있어

서 몸을 돌보기 위한 활동과 마음을 돌보기 위한 활동이 다르다고 생각한다. 그러나 몸과 마음은 하나다. 몸이 건강해야 마음이 건강하고 마음이 건강해야 몸이 건강하다. 즉 몸을 돌봐야 마음도 건강해지는 것이다.

몸을 돌보아야 마음이 건강하다는 것을 몰랐던 나는 인생의 여러 가지 목표를 이루기 위해 몸을 혹사시키는 방법을 익히며 살아왔다. 고등학교에 들어가면서 기숙사 생활을 하게 되었고, 공부를 잘해서 좋은 대학에 가고 싶었다. 공부를 잘하기 위해서는 공부할 수 있는 시간을 최대한 확보했어야 했다. 중학생 때까지는 하루에 9~10시간씩 잤는데 기숙사에 들어가자마자 수면 시간이 하루아침에 반 토막이 났다. 기숙사 생활을 하면서 최대한 확보할 수 있는 수면시간은 5시간 반에서 6시간 정도였다. 누군가는 4시간씩 자면서 공부하고 있다는 말에, 그마저도 줄이려고 안간힘을 썼었다. 수면시간뿐만 아니라 식사 시간도 줄이려고 최대한 밥을 빨리 먹었다. 이동 시간을 아끼려고 달려가면서 영어 단어를 외우기도 했었다.

고등학교 시절을 독하게 보낸 이후로 노력에 대한 기준이 매우 높아졌다. 몸과 마음을 돌보는 시간 없이 성취하고자 하는 목표에 완벽하게 매진하지 않으면 노력하지 않고 있다고 자책했었다. 그 팔팔한 고등학교 시절에도, 모든 시간과 에너지를 공부에 쏟아부었기 때문에 매일 아침마다 다리에 쥐가 났고, 팔이 저렸으며, 시력이 일시적으로 떨어지기도 했었다. 몸이 잘못하고 있다고 신호를 보내와도 나를 몰아붙이는 방식이 옳은 것인 줄로만 알았다. 특별할 것 없는 내가 잘할 수 있는 방법은 오직 노력뿐이라고 생각했기 때문이다. 이후로도 인생에서 뭔가를 성취하고자 할 때는 당연한 듯이 밥 먹는 시간, 자는 시간을 제일 먼저 희생시켰다.

몸과 마음이 아플 때에도 묵묵히 내가 해야 할 일들을 열심히 했다. 몸과 마음이 아픈 나를 안아 주지도 못하고, 열심히 사는 게 옳은 줄로만 알았다. 나를 안아 주고 사랑해 주고 싶었지만 나를 추슬러 본 적이 없어서 가장 아픈 순간에도 나를 제일 먼저 희생시켰다. 행복하고 싶어 하면서도 정작 중요한 내 몸과 마음을 무시하고 있다는 것을 몰랐다. 나를 챙기는 것보다 중요한 일은 없는데 습관처럼 스스로를 도구화하며 살고 있었다.

운동하며 잘 먹고, 잘 자고, 잘 놀아라

나를 사랑하기로 결심한 이후로 나를 사랑하기 위해서 최선을 다했다. 행복해질 방법을 찾으려고 정말 열심히 공부했고 삶에 적용해 나갔다. 그중 한 가지 방법이 오늘 하루만 잘 살자고 다짐하고, 정신이 산란해지면 '지금, 여기, 나'라고 말하며 현재에 머무르는 것이었다.

오늘 하루만 잘 살아 보자고, 어제도 내일도 필요 없고 단지 오늘 하루만 잘 살아 보자고 스스로에게 말을 걸었다. 잘 살아 보자는 마음은 더이상 열심히 살자는 각오가 아니었다. 단지 오늘 하루 나를 잘 돌보자는 마음이었다. 과거에 대한 후회와 미래에 대한 걱정 사이에서 표류하지 말고, 지금 당장 이 순간에 집중하자는 거였다. 잠은 충분히 잤는지, 밥은 잘 먹었는지, 햇빛은 쐬어주었는지와 같은 기본적인 것들을 챙겼다. 그리고 의식적으로 어떤 일도 나보다 중요하지 않음을 상기시켰다. 내가 무너지면 세상 전체가 무너지는 것이라고 스스로에게 인식시켰다. 그렇게 나를 잘 돌보는 일에 우선순위를 두고 사소하게 나를 챙겨 나갔다.

오늘 하루만 잘 살기 위해 나를 세심히 살폈더니 하루가 잘 살아졌다. 그렇게 잘 산 하루하루가 모이니 꽤 살 만해졌다. 오늘 하루를 잘 살기 위해 나를 챙기는 기술은 점차 늘어났고 스스로에게 인자해졌다. 아무리 바쁘고 난리가 나도 최소한의 수면시간은 챙기려고 노력했고, 간단하게라도 때맞춰 식사를 했다. 나를 챙기는 내 모습이 꽤 마음에 들었다. 더이상 나를 무언가를 해내기 위한 도구로 전락시키지 않았다. 그냥 나라는 존재가 오늘 하루 평안하게 건강하며 행복하기만을 바랐다.

나를 사랑하겠다는 결심 이후 몇 년이 지난 지금, 나는 나 자신을 사랑하고 현재가 행복하며 다가올 미래를 기대하게 되었다. 나를 찾는 여정에서 슬프거나 분노하는 시간도 많이 있었지만 열심히 노력한 끝에 원하던 마음 상태를 얻게 된 것이다. 잘 자고, 잘 먹고, 잘 놀 수 있도록 신경 썼던 것이 자존감을 높이는 데 큰 도움이 되었다. 일상을 건강하게 돌보면서 마음의 힘이 쑥쑥 자라났던 것이다. 그리고 잘 자고, 잘 먹고, 잘 놀 수 있게 된 데에는 운동이 주요한 역할을 했다. 자존감을 높이기 위한 방법을 단 한 가지만 추천할 수 있다면 단연코 운동을 해야 한다고 강조할 것이다. 불면증에 고통받았을 때는 운동을 격하게 해서 잠을 잘 잘 수 있었고 운동을 하니 저절로 밥을 잘 먹게 되었다. 운동을 하며 체력이 늘어나니 남아도는 에너지가 생겨 새로운 것에 도전할 수 있는 힘도 생겼다.

몸을 돌보는 것이 마음을 돌보는 것이다

누구나 숙면과 건강한 식사의 중요성을 잘 알고 있지만, 그 중요성만큼 잘 자고, 잘 먹는 사람은 많지 않은 것 같다. 사람은 동물이다. 동물은 하루 동안 먹이 활동을 하고 잠을 잔다. 우리 삶도 그와 다르지 않다. 우리가 수면과 식사를 거르면서까지 잘하려고 하는 일들은 결국 잘 먹고 잘 자기 위해서 하는 일들이다. 공부나 일을 잘하기 위해 진짜 중요한 것을 놓치고 있는 것이다.

누구나 이유 없이 기분이 나쁘고 우울할 때가 있고 작은 일에도 감정이 크게 요동치는 때도 있다. 당장 눈앞에 보이는 일이 원인이라고 생각하지만 불규칙적인 수면이나 식사가 원인일 경우가 많다. 이유 없는 짜증에 마음이 심란하다가 맛있는 식사를 하자마자 기분이 좋아졌던 경험처럼 말이다. 석가모니조차 출가 후 뱃가죽이 등뼈에 달라붙을 만큼 몸을 학대했을 때가 아니라, 고행을 멈추고 몸을 추스르며 마음을 돌보았을 때 깨달음을 얻었다. 하물며 일반인이 몸을 학대하면서 좋은 마음 상태를 유지할 수는 없는 것이다.

몸과 마음은 연결되어 있다. 몸이 아프면 마음이 아프고, 마음이 아프면 몸도 아프다. 타이레놀이 마음이 아픈 사람에게도 효과가 있다는 연구 결과만 봐도 몸과 마음은 다르지 않다는 걸 알 수 있다. 몸의 통증은 마음의 통증이 되고, 마음의 통증은 또 몸의 통증으로 이어진다. 몸을 돌보는 일이 결국 마음을 돌보는 일인 것이다. 스스로를 비하하고, 자책하고 낮은 자존감에 허덕인다면 몸을 제대로 돌보지 못했기 때문일 수 있다. 당장 건강한 음식을 먹고, 운동을 해서 숙면을 취해야 한다.

잘 먹고, 잘 자고, 잘 놀아야 몸뿐만이 아니라 마음이 건강해진다. 잠을 못 자고, 식사를 거르면 당장 예민해지고 짜증이 솟구친다. 엄마는 아이가 잘 먹고, 잘 잘 수 있도록 신경을 쓴다. 다 큰 성인 자식에게도 항상 밥을 잘 먹었는지 확인하고 잠자리가 불편하진 않은지 염려한다. 사랑하기 때문에 가장 중요한 것부터 챙기는 것이다. 자존감은 나를 사랑하는 마음이다. 스스로를 사랑하고 싶다면 아이를 무척이나 사랑하는 엄마가 할 법한 행동들을 스스로에게 해주어야 한다. 자기 자신을 사랑해주는 행동들을 통해 스스로에게 사랑받는 경험을 늘려나가야 한다. 엄마가 아이의 수면과 식사를 신경 쓰는 것처럼 스스로를 잘 재우고, 잘 먹여야 한다.

'걱정을 해서 걱정이 없어지면 걱정이 없겠네.'라는 티베트 속담이 있다. 머릿속으로 걱정하고 고민하는 것들은 대부분 시간을 들여 생각한다고 없어지는 성질의 것들이 아니다. 하물며 자기비하나 자책감, 과거에 대한 후회 같은 감정들은 생각하는 즉시 마이너스다. 뇌의 신경가소성에 따라 생각하는 즉시 그 부정적인 생각들이 강화되고 습관이 될 것이기 때문이다. 그냥 지금 당장 고민하거나, 스스로를 분석하는 일 따위는 멈추고 움직이고, 잘 먹고, 잘 자고, 잘 놀아야 한다. 몸이 돌봄을 받지 못하면 마음도 돌봄을 받지 못하는 것이라는 것을 기억하고 당장 움직이자. 내 몸을 잘 챙긴 오늘, 내일, 모레가 모여서 단단한 마음으로 보답할 것이다.

운동을 해야 뇌가 건강해진다

현대 인간의 뇌는 구석기시대 원시인의 뇌와 유사하다. 인류는 수십만 년 동안 사냥을 하고 수렵 · 채집활동을 하며 살아왔다. 살기 위해서 끊임없이 걷고, 달리고, 움직였던 것이다. 생존이 목적인 인간의 뇌는 움직일 때 집중력을 발휘한다. 따라서 뇌를 건강하고 똑똑하게 만들기 위해서는 계속해서 몸을 움직이고 운동을 해야 하는 것이다.

원시인은 생존을 위해 몸을 움직였다. 그래서 움직인다는 것 자체에 삶에 대한 강한 의지와 긍정적인 태도가 반영되어 있다. 원시인의 뇌를 가지고 있는 현대인들이 가만히 앉아서 오랜 시간을 보내고 있으니 스트레스에 취약한 것은 어쩌면 당연한 일일지도 모른다. 오랫동안 침대에 가만히 누워 있으면 오만 가지 부정적인 생각이 든다. 운동화를 신고 단 10분이라면 힘차게 걸으면 아무리 우울하고 기분이 처져 있어도 당장 조금이라도 기운이 생긴다. 우리 뇌는 본래 몸을 움직이도록 설계되어 있으니 운동을 해야 몸과 마음이 건강해지는 것이다.

스트레스 상황에서도 운동은 효과적이다. 원시인이 맹수를 만나면 심장은 빨리 뛰고 근육은 수축한다. 사냥을 하거나 숨거나 도망을 가야 하므로 소화 기능이나 생식 기능, 면역 기능 등을 차단하고 운동 능력에 에너지를 집중하는 것이다. 덕분에 원시인들은 몸을 활발히 움직여 상황을 종료시키고 편안한 상태를 회복할 수가 있다. 그런데 현대인들의 스트레스는 단시간에 물리적 활동을 통해 없앨 수 있는 것이 아니므로 가만히 머물며 고민한다. 스트레스를 받으면 뇌가 몸을 움직이도록 세팅하는데 가만히 있으니 부조화가 생길 수밖에 없다. 따라서 스트레스를 받았을 때는 운동을 해야 스트레스로 수축된 몸의 긴장이 풀리고 편안한 상태를 회복할 수 있는 것이다.

운동을 하면 마음도 건강해진다

　마음을 건강하게 만들기 위해서 가장 중요한 것을 단 한 가지만 꼽으라고 한다면 주저없이 운동이라고 말하고 싶다. 나는 목, 어깨, 허리에 생긴 통증을 해결하기 위한 목적으로 요가를 시작하여 꾸준히 지속하고 있다. 몸의 통증 때문에 활동이 자유롭지 않고 기분마저 처지는 경우가 많았는데 요가로 몸이 건강해지니 몸 때문에 마음이 처지는 일이 없어졌다.

　통증 개선뿐만 아니라 요가는 그 자체로 마음을 평온하게 하는 데 큰 효과가 있었다. 요가를 하는 동안 복식호흡을 하면서 들숨과 날숨에 집중하고 세밀하게 그날의 몸 상태를 느낀다. 평소에는 몸을 관찰할 일이 없는데 요가 시간에는 아주 미세한 움직임에도 몸이 어떻게 변화하는지 느낄 수가 있다. 이리저리 떠도는 의식을 호흡과 몸의 움직임을 관찰하는 데에 붙잡아 놓는 것이다. 사람들은 과거를 후회하고 미래를 걱정하느라 현재를 살지 못하기 때문에 우울하고 불안하다. 의식이 과거와 미래가 아니라 현재에 머물러야만 마음이 건강해질 수 있다. 요가뿐만 아니라 모든 운동은 의식을 바로 지금 이 순간에 머물게 하며 몸에 집중할 수 있게 만든다. 운동을 하면서 명상 효과를 누리는 것이다.

꾸준하게 운동을 하면 운동 능력이 점차 좋아지므로 그로 인한 성취감과 자기 신뢰도 쌓이게 된다. 안 되던 동작들을 하나씩 해낼 때마다 세상에는 꾸준히 지속하기만 하면 못할 게 없다는 긍정적인 태도 또한 만들어진다. 더불어 체력이 늘어나면 하루를 거뜬히 보내고도 남는 에너지가 생긴다. 운동에서 생긴 에너지와 성취감 그리고 자기신뢰감은 운동 이외의 다른 분야에도 거침없이 도전할 수 있도록 만들어 준다. 운동으로 몸의 근육이 단련되는 것처럼 마음에도 근육이 단단하게 붙는 것이다.

02

주변을 정리하고 일상을 단순화하라

주변을 정리하면
마음의 평화가 찾아온다.

– 그레첸 루빈

집안 상태는 감정에 영향을 미친다

사람은 환경의 영향을 많이 받는다. 고급스러운 인테리어의 레스토랑
에 앉아 있을 때와 편의점 앞 플라스틱 테이블에 앉아 있을 때 혹은 시끄
러운 광장에 있을 때와 한적한 공원에 있을 때 우리의 자세나 행동거지
는 달라진다. 누가 시키지 않아도 무의식적으로 우리의 뇌가 자연스럽게
분위기에 적합한 태도로 앉고, 말하고, 행동하도록 만든다. 어떤 공간에

있느냐에 따라 행동이 달라지기 때문에 머무는 공간이 사람의 성향에 영향을 미친다. 반대로 성향에 따라 공간을 꾸미고 공간의 모습에 따라 성향이 굳어지므로 공간을 보면 사람의 성향을 파악할 수 있다.

내 경우엔 집안 상태를 보고 성향뿐만 아니라 마음 상태까지도 확인할 수가 있었다. 나는 기분이 처지면 집안을 돌보지 않는 습관이 있었다. 평소에는 잘 정돈된 집안 풍경에서 산뜻한 기분을 느꼈지만 기분이 우울해지면 무기력이 찾아왔고 이내 집은 엉망이 되었다. 엉망이 된 집에서는 무슨 일을 하건 집중을 하지 못했고 마음 한쪽에 청소를 해야 한다는 생각만 수백 번 되뇌고 있을 뿐이었다. 이러한 중압감에도 불구하고 집을 치우지 않는 모습은 또 다른 자책을 불러왔다. 청소라는 적을 무찌르지 못했기 때문에 다른 일로 나아가지도 못하는 악순환이 이어졌다.

반대로 너무 바빠서 매일 새벽까지 야근을 하며 집안을 결코 돌볼 수 없었던 때가 있었다. 매일 같은 야근에 몸과 마음이 지쳐가는데, 새벽에 집에 오면 편안한 것이 아니라 엉망이 된 집안 상태에 무엇을 위해 이렇게 살고 있는지 자괴감이 밀려왔다. 집안 상태가 내 기분을 보여주기도 했지만 반대로 엉망이 된 집안 풍경은 내 기분을 부정적으로 물들이고 있었다.

어느 순간 집안 풍경은 내 기분 상태를 정확히 보여주는 바로미터라는 생각이 들었다. 하루를 잘 경영하고 기분이 좋은 시기에는 집안이 마음처럼 깔끔하게 정돈되어 있었다. 반면에 어떠한 문제로 인하여 감정 상태가 좋지 않았을 때는 집안 상태 역시 전혀 편안하지 않았다. 집이 더러울 때는 스스로 자책하기도 했고, 정돈된 상태일 때는 나에 대한 신뢰감을 느끼기도 했었다. 단지 조금의 수고를 들이면 할 수 있는 청소 하나가 감정 상태를 결정할 뿐만 아니라, 나 스스로와의 관계에도 영향을 미치고 있었던 것이다.

주변이 정돈되면 마음도 정돈된다

집안 상태가 감정에 미치는 영향을 깨달은 이후, 아무리 바빠도 하루에 최소 20분은 청소에 투자하며 항상 정돈된 집안 상태를 유지하려고 노력하고 있다. 쾌적한 상태를 유지하기 위하여 최대한 어지르지 않도록 바로바로 치우는 습관을 들였고 불필요한 물건들은 처분하여 치울 것 자체가 없어지도록 했다. 쓰지 않는 물건을 덜어 내고 꼭 필요한 물건은 내 마음에 쏙 드는 가치 있는 물건으로 들여놓는 노력도 기울이고 있다.

이제는 어떠한 감정 상태에 있건 집에 오면 항상 정돈된 집이 주는 편안함과 안정감을 느낄 수 있게 되었다. 집뿐만 아니라 사무실 책상도 불필요한 것 없이 최대한 깔끔하게 정돈하여 쓸데없이 부정적인 에너지를 일상에 끌어들이지 않도록 노력한다. 덕분에 주변이 산만하여 기분이 우울해지는 일이 없고, 불필요한 자책을 가질 필요도 없어졌다. 언제나 깨끗하고 편안한 공간에서 나를 돌볼 수 있게 되었다.

잡동사니가 가득한 집안은 스트레스 호르몬인 코르티솔 수치를 급격히 상승시킨다는 연구 결과가 있다. 굳이 이런 연구 결과를 확인하지 않아도 우리는 어지럽고 산만한 풍경을 보면 짜증이 솟구친다는 것을 경험적으로 알고 있다. 쓰레기가 가득한 길에서는 누구나 함부로 쓰레기를 버리고 함부로 행동한다. 반면에 깨끗하게 잘 돌본 것 같은 느낌을 주는 곳에서는 행동을 조심하게 된다. 집안 상태가 자신의 마음을 비춰 주는 거울이라면 마음에 좋은 것만 담을 수 있도록 공간을 깨끗하게 정리하고 돌보아야 한다. 청소도 하나 제대로 못 해낸다는 패배감을 인생에 끌어들이지 말아야 한다. 집안을 돌보고 내 공간에서 생긴 문제를 처리해 나가는 과정에서 당면한 문제를 스스로 해결할 수 있다는 자신감 또한 얻게 된다. 자신이 머무는 공간을 소중히 대하는 데에서 자신을 아끼는 마음이 시작되는 것이다.

주변 환경을 깨끗이 유지하게 위해서는 불필요한 물건을 최소화해야 한다. 우리는 불필요한 물건에 너무 많은 공간을 할애하고 있다. 또한 물건을 선택하고, 구매하고, 정리하는 데 우리의 소중한 에너지와 시간을 너무 많이 낭비하고 있다. 불필요한 물건을 정리하고 정말 필요한 물건만 마음에 쏙 드는 가치 있는 것으로 들여놓으면 쓸데 없이 낭비되는 에너지 손실을 막을 수 있다. 우리가 하루에 쓸 수 있는 에너지는 한정되어 있다. 진짜 중요한 곳에 에너지를 쏟을 수 있도록 쓸데없는 곳에 에너지가 낭비되는 것을 막아야 한다. 매일 마주하는 환경이 불필요한 잡동사니 없이 꼭 필요하면서도 마음을 즐겁게 하는 물건들로만 깔끔하게 정돈되어 있다면, 매 순간 일상의 풍경은 아름다워진다. 그러면 마음에도 자연스럽게 좋은 생각이 담기게 된다. 심플하게 살면 마음도 어지러운 것 없이 심플해지는 것이다.

일상이 단순하면 잡념이 사라진다

주변 정리를 하면서 동시에 일상도 최대한 단순하게 만들려고 노력했다. 이전에는 회사에 갈 때마다 다른 옷을 입고 갔는데 비효율적이라는 생각이 들어 회사 갈 때만 입는 교복을 자체적으로 지정해 두었다. 단정하면서도 잘 어울리는 셔츠와 정장 바지 스타일 하나를 색깔만 다르게 다섯 벌을 구비해 두고 그 옷들만 입고 다녔다. 옷장을 열 필요도 없이 교복만 걸어두는 행거를 따로 설치하여 아침 시간 동선을 최소화했다. 애플의 창업자 스티브 잡스와 메타의 창업자 마크 저커버그는 항상 같은 옷만 입는 것으로 유명하다. 그들을 따라 한 건 아니었지만 같은 옷만 입는 것의 효과를 경험한 이후로는 그들이 왜 단벌 신사를 고집했는지 너무나 잘 이해하게 되었다.

처음에 교복을 지정하여 같은 옷만 입기로 결정했을 때에는 아침 시간을 잘 써야겠다는 생각뿐이었는데 효과는 기대 이상이었다. 아침 시간에 무슨 옷을 입을지 고민할 필요가 없어졌기 때문에 옷을 고르는 데 소모되는 에너지와 시간을 다른 곳에 쓸 수 있게 되었다. 아침에 눈을 뜨면 벌떡 일어나 아무 고민 없이 행거에 걸린 셔츠와 바지를 챙겨 바로 요가원으로 향했다. 교복을 정해두지 않았더라면 아침 시간을 그토록 효율적으로 쓸 수는 없었을 것이다.

아침마다 옷을 골라 입고 출근했을 때는 그날 입은 옷에 따라 감정 상태가 변하기도 했었다. 옷을 잘 입은 날에는 기분이 들떠 친구라도 만나야겠다는 생각이 들었다. 반대로 옷이 마음에 안 드는 날에는 자신감이 떨어지는 듯한 불필요한 감정의 동요도 있었다. 자체적으로 교복을 지정해 입기 시작한 이후로는 주말마다 깨끗하게 세탁해서 다림질해 놓은 깔끔한 옷에 매일 기분이 산뜻했고 감정의 동요도 없었다.

교복을 지정해 둔 이후로 옷을 쇼핑하는 일도 거의 없었다. 쇼핑에 쓰이는 에너지와 선택의 고민 등에서 해방되었고, 공간을 차지하지만 별로 입을 일이 없는 옷들 때문에 부담스럽지도 않았다. 여러 가지 신경 쓸 거리들이 한꺼번에 사라진 것이다. 다른 사람들이 무슨 옷을 입었는지 기억하는 사람은 거의 없다. 그런데도 사람들은 남의 눈을 의식하여 옷을 고르는 데 시간과 에너지 그리고 돈을 너무 많이 낭비하고 있다. 여기서 해방되면 소중한 자원을 정말 필요한 곳에 쓸 수 있게 된다. 매일 아침마다 오로지 평안하고 산뜻한 기분으로 자신을 돌보며 하루를 시작하는 데 집중할 수 있게 되는 것이다.

뇌는 항상 주의를 기울여야 할 것과 주의를 기울이지 않아야 할 것을 구분하고 있다. 그런데 이 주의력이 처리할 수 있는 정보는 무한한 것이 아니라서 일정 수준을 넘어서면 과부하가 걸린다. 중요한 일에 주의력을 집중하기 위해서는 주변을 깨끗하게 정리하고 물건의 위치를 지정해 두어 정신이 산만해지는 일을 방지해야 한다. 물건의 위치뿐만 아니라, 매일 마주치는 일상의 작은 선택들을 최소화하는 장치를 마련해 둔다면 쓸데없는 에너지 낭비를 막을 수 있다. 온전히 하고 싶고, 해야 하는 일에 집중할 수 있게 되는 것이다.

반복되는 일상이 곧 우리의 삶을 이룬다. 일상에서 감정 상태를 교란시키는 것들을 없애는 것만으로도 우리는 중요한 일에 집중하거나 편안한 기분으로 자신을 재정비하는 시간을 가질 수 있다. 자신을 잘 관찰하여 좌절하게 하는 것을 제거하고 마음을 설레게 하는 것을 일상에 녹여 놓아야 하루가 편안하게 잘 돌아간다. 자신을 사랑하는 것은 어렵지 않다. 당장 오늘의 내 기분을 돌보고, 몸을 돌보며, 나를 편안한 상태로 만들어 주는 데서 자존감은 자라나기 시작한다. 자신이 머무르고 있는 공간을 돌보고 일상을 단순화하는 것만으로도 불필요한 잡념에서 자신을 손쉽게 구할 수 있다. 불필요한 에너지 소모를 줄이고 스스로에게 집중하는 시간을 가진다면 자신를 사랑하는 데 한 발자국 더 가까워진다. 쓸데없는 잡념을 끌어들이지 않으려면 주변을 깨끗이 정리하고 매일 마주하는 일상을 단순하게 만들어야 한다.

03

반드시 기분이 좋은 상태로 잠들어라

걱정을 잠자리로 가지고 가는 것은
등에 짐을 지고 자는 것이다.

— 토마스 하리발톤

잠들기 전 30분, 나를 돌보는 시간을 가져라

마음의 고통을 크게 느끼고 있는 사람들이 공통적으로 호소하는 질환
이 있다. 바로 불면증이다. 불면증이 지속되면 무기력하고 면역력이 떨
어져 바이러스 등 질병에 취약한 상태가 되고 집중력 저하 및 우울증 등
으로 이어질 수가 있다. 건강보험심사평가원의 국민관심질병통계자료에
따르면 불면증으로 병원을 찾은 환자 수는 매년 증가하여 2021년에는 68

만 4,560명에 이른다고 한다. 병원을 찾지 않는 환자들까지 포함한다면 이미 2016년에 불면증 인구가 400만 명에 달한다는 보도가 있을 정도로 많은 사람들이 불면증으로 고통받고 있다.

나 역시 불면증으로 고생했던 적이 있다. 수면욕이 아주 강해서 학창 시절 머리만 대면 바로 자는 사람이었고, 현재도 낮이고 밤이고 아무 때나 잘 수가 있다. 언제나 잘 잤기 때문에 불면증은 남의 이야기라고만 생각했었는데 일상에 치여 스트레스를 많이 받게 되자 수면 장애 문제가 생긴 것이었다. 인생에서 두 번 나타났었는데 한 번은 스트레스 때문에 생긴 일반적인 수준의 불면증이었고, 두 번째 나타났을 때는 하루에 2시간 자는 게 힘들 정도로 심각한 수준이었다.

일반적인 수준의 불면증이 있었을 때를 생각해 보면 이런 패턴이었다. 내일 아침 6시 반에 일어나야 하는데 1시까지 잠들지 못하고 초조한 감정을 느끼기 시작한다. 지금이라도 자면 5시간 반 정도는 잘 수 있다고 다독여 보지만 30분이 지나도 잠들지 못한다. 불쑥 올라오는 초조함과 짜증은 이루 말할 수 없이 불쾌하고, 잠을 자지 못하게 된 이유를 탓하기 시작한다. 잠이 들지 못하는 날이면 떠오르는 걱정과 고민이 안 그래도 짜증나는데 잠까지 못 들게 하니 더 원망스럽다.

심각한 수준의 불면증을 앓았던 적도 있다. 매일같이 과거 사건에 집착하며 생각이 끊이지 않았던 때였다. 과거 생각이 너무나 과도해서 뇌가 과잉 활동을 하고 있다는 걸 자각하고 있었지만 멈출 방법을 몰랐다. 잠들지 못하다가 겨우 잠들면 20~30분 정도 있다 깨어났는데 그렇게 쪽잠을 연결하면 하루에 2시간 정도 잤었던 것 같다. 자다 일어나면 잠들기 전에 했던 부정적인 생각을 그대로 연결해서 생각하고 있었다. 자는 동안에도 깨어 있을 때와 똑같이 부정적인 생각과 감정에 지배당하고 있었던 것이다. 그렇게 수일을 보내다가 하루에 3~4시간씩 요가를 하면서 나는 다시 잠을 잘 자게 되었다.

불면증을 겪으면서 잠이 얼마나 중요한지 몸소 깨달은 이후 자기 전루틴에 신경을 쓰게 되었다. 잘 잘 수 있도록 혈액순환을 원활하게 하고 마음을 즐겁게 하기 위하여 반신욕 독서를 했다. 마음먹고 하려고 하면 할까 말까 고민하게 되니까 매일같이 집에 오자마자 바로 수도꼭지를 틀어서 고민할 틈을 주지 않고 물을 받아 버렸다. 수도꼭지를 틀고 물을 받을 때까지 하루를 마무리하기 위한 정리를 재빠르게 하고 물이 차면 책한 권을 챙겨 욕조에 들어갔다. 보통 저녁에 운동을 하면 하루에 있었던 일과 내 삶이 분리가 되지만, 운동을 못 하거나 운동하면서도 분리가 되지 않는 날에는 반신욕 독서를 하면서 일과와 내 삶을 분리시켰다.

집중해서 몇 장 읽다 보면 몸은 따뜻하게 데워져 콧잔등에 땀이 송골송골 맺히고 책 내용에 빠져 마음은 편안해진다. 그렇게 시간을 보내면 오늘 하루에 있었던 일은 나와 무관해지고 좋은 생각만 내 안에 담을 수가 있게 된다. 반신욕 후에는 시원한 물을 한 잔 마시고 하루 동안 고생한 몸에 바디로션을 정성스럽게 바르며 몸의 노고를 치하해 준다. 깨끗하게 세탁된 잠옷을 입고 잠자리에 들어가면 매일 저녁 따뜻하고 충전된 느낌을 받을 수 있다. 하루의 모습이 어땠는지와 무관하게 오늘도 스스로를 잘 챙긴 평온한 저녁에 감사하며 하루를 마무리한다.

반신욕 하는 시간에는 주로 독서를 하지만 필요한 것이 있거나 생각할 것이 있으면 그 시간을 이용한다. 단, 회사 일이라던가, 해야 할 일을 생각하는 것이 아니라 나를 챙기는 목적으로만 사용한다. 샤워할 때 쓸 좋은 비누를 구매할 수도 있고 여유 시간에 어떤 재미난 일을 해볼까 생각하기도 한다. 나에게 만족감을 줄 만한 일을 연구하는 것이다. 낮에 있었던 일 때문에 불쾌한 생각을 떨칠 수 없을 때는 기분을 전환할 목적으로 좋아하는 예능 프로나 유익한 유튜브 채널을 들을 때도 있다. 나를 가장 기분 좋게 하는 일을 하며 나를 살뜰히 챙기는 시간을 가지는 것이다.

반신욕 독서에 할애하는 시간은 20분에서 최대 40~50분, 평균 30분 정도다. 30분 동안 나를 살뜰히 보살피면 하루에 대한 만족도가 달라진다. 종일 우리는 정말 많은 생각을 한다. 그중에 스스로를 돌보는 시간은 얼마나 될까? 하루 동안 핸드폰으로 의미 없는 기사를 보고 게임을 하는 시간은 또 얼마나 될까? 나를 사랑하고 싶고, 나를 사랑한다면 온전히 나를 생각하고 챙겨 주는 시간을 가져야 한다. 의미 없이 핸드폰 보며 시간을 버리는 게 아니라 스스로를 챙기는 양질의 시간을 가져야 마음이 채워지는 것이다. 자신을 기쁘게 할 만한 일을 생각하고 실제로 그 일을 했을 때 기분이 좋아하는지 확인하다 보면 자신을 보살피기 가장 적합한 루틴을 찾을 수가 있다. 마음을 관찰하는 시간을 갖는 것 그 자체가 스스로를 챙기고 사랑하는 일인 것이다. 하루동안 의미 없이 보내는 시간을 조금만 빼서 자기 자신을 돌보는 데 할애한다면 자신을 사랑하는 일이 어렵지 않다는 것을 알 수 있다.

좋은 생각으로 기분 좋게 잠들어라

우리는 의식에 따라 세상을 느끼고, 경험하고, 결정하고, 행동한다고 생각한다. 그러나 현재의식은 우리가 인지하지 못하더라도 잠재의식의 영향을 받아 움직인다. 현재의식이 바다 위에 드러난 빙산의 일각이라면 잠재의식은 수면 아래의 거대한 얼음 덩어리이다. 우리가 하는 생각의 대부분은 잠재의식에 의해 올라오는 생각이라는 것이다. 매년 새로운 다짐을 하고 새해 목표를 세우지만 대부분의 결심은 작심삼일로 끝나는 경우가 태반이다. 현재의식은 해내겠다고 다짐하지만 잠재의식은 할 수 없다고 생각하기 때문에 실패를 하게 되는 것이다. 잠재의식이 현재의식과 똑같은 의도를 가지게 할 수만 있다면 우리는 생각하고 결심하는 것들을 이룰 수 있는 잠재력을 발휘할 수 있다. 잠재의식은 우리가 성장하고 살아가는 동안 의식하지도 못한 사이에 형성되고 우리의 수많은 결정에 영향을 미치고 있다.

형이상학자 네빌 고다드에 따르면 잠재의식에 가장 가까이 갈 수 있는 상태는 잠들기 전 몽롱한 상태라고 한다. 잠들기 전 몽롱한 상태에서 스스로 원하는 모습을 상상하고 현실로 받아들이면 잠재의식이 원하는 대로 변한다고 한다. 또한, 뇌 과학 분야에서도 잠들기 전에 했던 생각이 자는 동안 뇌를 활발히 변화시킨다고 말한다. 뇌의 신경회로가 변화하는 성질인 뇌의 신경가소성이 잠들었을 때 두드러진다는 것이다. 그래서 잠들기 전에 했던 생각과 기분 상태가 다음 날 눈을 뜨자마자 그대로 이어진다. 잠들기 전에 했던 생각대로 뇌의 회로가 만들어지므로 잠들기 전에 하는 생각과 기분이 아주 중요하다는 것을 알 수 있다.

밤새 불편한 생각으로 몸을 뒤척이다가 억지로 잠에 들었다면 뇌는 자는 동안 그 불편한 감정과 생각들을 잠재의식에 각인시키고 그에 맞춰 뇌를 변화시킨다. 반대로 긍정적이고 감사한 생각을 하면서 잠들었다면 다음 날 좋은 기분으로 시작할 수 있을 뿐만 아니라 뇌에도 긍정적인 생각의 회로가 만들어진다. 밤에 잠들기 전에 했던 생각이 우리 뇌를 변화시키고 잠재의식에 각인된다면 단순히 다음 날 아침의 기분만 좋게 하는 것이 아니라 장기적 관점에서 삶에 지대한 영향을 미치게 되는 것이다.

스스로를 챙기는 시간은 언제 가져도 좋고, 몇 시간을 가져도 좋다. 자기 전의 생각과 감정에 따라 뇌가 변화한다면 의식적으로 자기 전 시간만큼은 행복한 기분을 느낄 수 있도록 자신을 돌보아야 한다. 자신의 기분을 아주 좋게 만들어 줄 수 있는 활동을 자기 전 루틴으로 추가하여 자는 동안 뇌가 기분 좋게 변할 수 있도록 유도해야 하는 것이다. 매일 기분이 좋아지는 루틴을 지속하는 일은 일상에 행복감을 더해준다. 물론 문제 상황을 만나 기분이 우울하다면 이러한 부정적인 감정을 무시할 수는 없다. 다만 부정적인 감정을 적극적으로 돌보아 잠들기 전 시간만큼은 언제나 최우선으로 기분이 좋게 만들어야 한다는 것이다. 연인을 돌보듯, 부모가 아이를 돌보듯 스스로에게 기분 좋은 시간을 선물하고 뇌가 긍정적인 뇌 회로를 만들 수 있도록 변화시킨다면 우리의 마음은 저절로 건강해질 것이다.

04

나에게는 무조건 다정하라

당신이 얼마나 멋진지, 당신이 얼마나 위대한지 스스로에게 말하십시오.
자신을 얼마나 사랑하는지 스스로에게 말하십시오.

– 돈 미구엘 루이즈

나를 가장 잘 위로할 수 있는 사람은 바로 나다

하루 동안만 해도 우리는 수만 가지 생각을 하며 살아간다. 우리가 하는 생각은 사실이라기보다는 자신의 판단과 해석이 들어간 것들이다. 우리의 기억도 실제 있었던 일이라고 생각하지만 판단이나 해석이 들어간 편집본일 뿐이다. 주관적인 해석을 덧붙이기 때문에 무슨 일을 겪든지 좋은 일로 기억할 수도 있고 나쁜 일로 기억할 수도 있다. 인생을 해석하는 능력에 따라 좋은 인생을 살았을 수도 나쁜 인생을 살았을 수도 있는 것이다. 자신에 대한 인식도 마찬가지다. 지금 있는 그대로의 모습을 미워할 수도, 좋아할 수도 있다. 똑같은 일이 있어도 누군가는 스스로를 비난하지만 누군가는 스스로를 위로하고 힘을 낼 수 있도록 응원한다.

자기 발이 못생겨서 창피하다고 말하는 친구가 있었다. 그 친구의 발은 굳은살이 많이 박여 있었고, 각질이 정리되지 않은 상태였다. 발이 창피해서 쪼리도 신지 못한다고 했다. 과거 이야기를 들어 보니 그가 발을 전혀 돌보지 못할 만큼 바쁘게 살아왔다는 것을 알 수 있었다. 발에 박인 굳은살은 그가 얼마나 열심히 살아왔는지 보여 주는 증표였던 것이었다. 나는 그에게 발이 무척 고생했겠다고 발에게 미안하지 않냐며 앞으로 잘 챙겨 주라고 했다. 발에게 사과하라고 했더니 그는 장난식으로 발을 주무르며 "미안해."라고 말하다가 갑자기 울컥하는 모습을 보였다. 발에게 사과를 하면서 처음으로 발의 노고가 느껴졌고 진심으로 미안하다는 생각이 들었다고 했다. 지난날 아버지가 물려주신 빚을 갚아 내기 위해 고생했던 시간이 떠올랐고, 그 시간을 잘 이겨내고 지금 번듯하게 살아가고 있는 자신의 모습이 대견하다고도 했다. 그렇게 열심히 고생한 발에게 미안해하고 고마워하지는 못할망정 못생겼다고 비난만 했던 것도 미안하다고 했다. 그렇게 못생겼다고 구박했던 발은 보습제를 바르고 각질 정리만 했는데도 곧바로 예뻐졌다. 그의 발은 처음부터 못생겼던 것이 아니라 열심히 살아내며 고생하느라고 돌보지 못한 결과였던 것이다. 앞으로는 발을 사랑해 주겠다는 그의 말에서 스스로를 아끼려는 마음이 느껴졌다. 처음으로 몸에게 말을 걸면서 스스로를 위하는 경험을 해 본 것이다.

우리는 자기 스스로 양팔을 접어서 안아 주고 토닥이며 위로하고, 격려할 수 있어야 한다. 슬픔을 다른 사람과 나누고 위로받아도 좋지만 본인의 슬픔과 노고는 스스로가 가장 잘 알기에 스스로 안아 주고 토닥여 줌으로써 위로받을 수 있다. 기쁨 역시 사랑하는 사람들과 나누고 인정받아도 좋지만 스스로 축하하고 대단하다고 인정해 줌으로써 행복감을 느낄 수 있다. 자신을 100프로 이해하면서 항상 곁을 지킬 수 있는 사람은 자신뿐이다. 그래서 가장 잘 위로하고, 인정 해주며, 기뻐할 수 있는 사람도 바로 자기 자신이다. 다른 사람의 인정이나 공감을 받는 것보다 스스로 위로하고, 격려하고, 응원하는 것이 더 큰 힘을 발휘할 수 있다.

스스로 축복하고 축복받는 존재가 되어라

심리학에서는 현재의식, 잠재의식, 무의식을 구분하고, 자아를 경험자아, 기억자아, 배경자아로 구분하기도 하며, 의식을 원초아, 자아, 초자아로 분류한다. 뇌 과학에서는 공상모드, 집중모드 등으로 설명하고, 명상이나 종교에서는 경험하고 기억하는 주체 말고 인식하는 주체를 진정한 나라고 말한다. 인간의 몸은 결국 하나의 자아가 아니라 여러 가지 자아가 머무르는 공간이라는 것이다. 스스로를 비난하면 비난하는 나와 비난받는 내가 존재하게 된다. 비난을 퍼부으며 스스로에 대한 나쁜 감정을 쏟아 내면 동시에 비난을 들으며 상처 받는 내가 존재하는 것이다. 반대로 내가 나에게 칭찬의 말을 건네면 스스로를 축복하는 동시에 축복받고 있는 내가 존재하게 된다. 남이 나에게 하면 불같이 화낼 말을 스스로에게 하고 있지는 않은지 돌아봐야 한다. 자신에게 저주를 퍼부으면서 동시에 저주받는 슬픈 존재가 되는 일을 당장 멈춰야만 한다.

커피를 들고 가다가 갑자기 커피가 쏟아져서 옷이 젖었다고 가정해 보자. 단순히 커피가 쏟아졌을 뿐인데 "아유 바보같이. 내가 그럼 그렇지, 역시 운이 없어." 같은 말을 하고 있진 않은지 내면의 말 습관을 살펴봐야 한다. 언제나 일어나고 있고, 있을 수 있는 작은 실수에도 우리는 습관적으로 스스로를 너무 많이 비난하고 있다. 자신에게 건네는 말 역시 습관이다. 엄마가 아이를 돌보듯, 연인이 상대방을 위하듯 세심하게 살피고 다정하게 말을 건네야 한다. 우리가 평가받고, 지적받고, 비난받을 일은 세상에 널리고 널렸다. 이런 세상을 열심히 살아가고 있는 자신에게 남들처럼 똑같이 상처 주는 말을 쏟아 내고 아프게 해서는 안 된다. 무슨 일이 있어도 스스로에게만은 항상 다정해야 한다. 잘못한 일이 있으면 비난하지 말고 방법을 찾아 나가면 된다. 사람은 어떤 문제가 생겼을 때 방법을 찾고 교훈을 얻으면서 성장해 나간다. 자신이 실수를 했건, 예기치 못한 문제가 발생했건 그런 경험을 통해 배우고 성장했다고 자신을 격려할 수 있어야 한다. 언제나 자신만은 진정한 자신의 편이 되어야 하는 것이다.

생각을 듣는 사람이 자신인 것처럼 말을 가장 처음 듣는 사람 역시 자기 자신이다. 겸손을 미덕으로 생각하는 우리나라에서는 스스로를 낮추는 말을 하는 것이 일상적인 모습이다. 겸손이 미덕이라 자랑을 하고 싶어도 자랑이 아닌 척 돌려서 말하느라 우스꽝스러워지고 '답정너' 같은 말도 생겨났다. 다른 사람들이 부정적으로 생각할까 봐 스스로를 낮추지만 그 말을 제일 먼저 듣는 사람은 본인 자신이다.

나 역시 쓸데없이 스스로를 낮추는 말 습관이 있었는데 나를 치유하기로 결심한 이후, 잊고 있었던 과거의 좋은 경험이나 유능했던 일화들을 주변인들에게 신나게 자랑했던 기간이 있었다. 나를 자랑하면서 내가 나를 보는 시각이 달라졌다는 것을 느낄 수 있었다. 다른 사람들에게 말을 하면서 잊고 있었던 나의 유능함을 스스로에게 알려 주는 시간이었던 것이다. 긍정적인 자아상을 갖게 된 데에는 주변인들에게 나의 긍정적인 모습을 대놓고 자랑했던 시간이 일조했다고 생각한다.

소중한 사람들과 서로 칭찬하고 서로 자신의 멋진 모습을 자랑하는 시간을 가졌으면 좋겠다. 본인의 장점을 말해 달라고 하면 10개 이상 말할 수 있는 사람이 드물지 않을까 생각한다. 소중한 사람들과 각자의 장점을 말하고 서로 인정 해주며, 상대방의 장점까지 서로 말 해주는 긍정적인 시간을 가져 보는 것이다. 그 시간에 자랑하기 위해서 유치원 때까지 거슬러 올라가 보기도 하고 아주 세세해서 아무도 알아차리지 못할 만한 장점까지 떠올려 보는 것이다. 누군가는 그런 게 무슨 장점이냐고 할 만한 점도 장점이라고 납득시킬 만한 이유까지 생각해 보는 것이다. 단, 이런 시간은 비난하는 습관이 없고 서로가 잘되길 바라는 정말 소중한 사람들하고만 가져야 한다. 주변에 그런 사람이 없다면 혼자 적어보고 읽어 보면서 스스로와 대화하는 시간을 가져도 좋다. 자신의 긍정적인 모습을 찾는 시간을 가짐으로써 스스로를 새롭게 바라볼 수 있게 된다. 진지하게 찾다 보면 자신이 꽤 괜찮은 사람이라는 것을 알게 된다.

어떤 순간에도 나에게는 다정하라

무슨 일이 생겼을 때 손으로 가슴을 토닥이며 되뇌는 말이 있다. '괜찮아, 아무것도 아니야.', '내가 이렇게 느끼는 것도 당연해.', '어차피 시간 지나면 다 해결돼 있어. 다 풀 수 있는 문제야. 쫄지마.'같이 스스로를 안심시키는 말들이다. 나는 원래 문제가 발생하면 긴장도가 높은 스타일이었다. 그런데 거짓말처럼 가슴을 토닥이며 괜찮다고, 해결할 수 있는 문제라고, 아무것도 아니라고 스스로에게 말해 주고 나면 마음이 편안해지고 어떻게 문제를 해결해야 할지 합리적으로 생각하게 된다. 놀라서 경직되어 있는 나에게 다 풀 수 있는 문제이니 차분하게 생각해 보라고 말하며 나를 안정시키는 것이다. 만약 같은 문제 상황에서 "바보같이 뭘 한 거야. 큰일 났다. 망했어." 같은 말을 건넨다면 더 안절부절못하게 된다.

우리는 어릴 때부터 스스로 자각도 하지 못한 채 스스로를 습관적으로 채찍질하고 비난하는 습관을 익혀 왔다. 비난하는 습관이 작동하더라도 재빨리 소중한 자신에게 항상 다정한 말을 건네려고 의식적으로 노력해야 한다. 자신에게 하는 내면의 대화가 달라지면 자아상이나 삶에 대한 태도 역시 긍정적으로 바뀌게 된다.

앞서 이야기했던 것처럼 사람은 단일의 자아가 아니라 여러 개의 자아가 혼재한 혼합체이다. 자신을 하나의 대상으로 보지 말고, 잘 성장시켜야 할 다른 인격체로 보고 잘 자랄 수 있도록 도와주어야 한다. 지금까지 미워하고 못마땅하게 생각했던 것에 대해 용서를 구하고 안타깝게 생각하며, 앞으로는 누구보다 소중한 존재로 대해 주겠다고 약속하는 것이다. 자기 몸을 쓰다듬고 안아주며 오늘도 고생 많았다고 토닥이고, 고생했으니까 기분 좋은 휴식을 선물해 주겠다고 말하는 것이다. 발과 종아리를 주무르며 사랑한다고 진심으로 말해 주면 사랑하는 동시에 사랑을 받으니 기분이 좋아진다.

시도 때도 없이 살짝 미소를 머금고 좋은 기분으로 예쁜 말을 자신에게 건네보자. 아무 때나 그냥 미소를 살짝 짓는 것만으로도 기분은 당장 좋아진다. 미워하는 마음을 버리고, 스스로를 응원하고, 용서하고, 사랑하려는 노력을 해 나간다면 항상 내가 좋아하고, 나를 좋아하는 내 편과 함께 살아갈 수 있다. 비난받는 자아는 주눅 들겠지만 사랑받는 자아는 마음이 단단하고 자신감이 있다. 원망하는 자아는 고통스럽겠지만 축복하는 자아는 충만하다. 아무도 나를 사랑하지 않아도 나만은 나를 사랑할 수 있다. 무슨 일이 있든지 자신에게 다정한 말을 건네는 것이다. 자신을 비난하는 순간이 사실은 가장 아프고 위로가 필요한 순간일 수 있다. 그런 순간마다 자신에게 건네는 다정한 말 한 마디가 정말로 당신의 오늘을 괜찮게 만들 것이다.

05

사랑을 표현하고 사랑받는 기쁨을 누려라

나는 사랑받는 것뿐만 아니라
사랑받는다는 말을 듣는 것도 좋아합니다.

– 조지 앨리엇

사랑하는 마음을 선물로 표현하라

설, 추석, 어버이날, 어린이날, 스승의 날, 크리스마스 등 1년 안에는 수많은 기념일들이 있다. 국가기념일처럼 공식적으로 지정된 기념일 외에도 우리는 소중한 사람들과 기념할 만한 일이 있으면 날짜를 기억하고 매년 축하한다. 언제나 함께하기 때문에 마음을 표현하기 어려운 소중한 사람들과 기념일에라도 고마운 마음, 사랑하는 마음, 축복하는 마음들을 주고받는 것이다. 기념일에는 정성스럽고 고운 마음을 선물로 표현한다. 소중한 사람들이 좋아하는 모습을 상상하며 선물을 준비하는 일은 즐겁다. 선물을 잘 하려면 상대를 잘 관찰해야 하기 때문에 정성이 들어간다. 상대의 성향을 파악하고 요즘 관심사와 필요한 것은 무엇인지 집중한다. 그래서 상대에 대한 애정이 있어야만 좋은 선물을 할 수가 있다.

주변인들에게 고마움을 표현하는 날은 의무적으로라도 지정되어 있는데 자기 자신에게 고마움과 사랑하는 마음을 표현하는 날은 없다. 자신에게 선물로 고마운 마음을 표현하는 것은 상당히 낯선 개념이다. 평생 동안 함께하며 언제나 곁에 있어 주는 자신에게도 사랑을 표현하고 사랑을 받아야 한다.

나 역시도 나에게 선물을 해 본 적이 없었다. 필요한 물건을 사는 것이 아니라 나에게 선물을 한다는 것은 상당히 낯설었다. 나를 사랑하기로 결심한 이후 의식적으로 나에게 선물하는 것을 즐겼다. 선물은 소중한 사람들에게 고마운 마음을 전달하기 위해서 하는 것이다. 때로는 소중한 사람이 즐겁고 행복하길 바라는 마음으로 그냥 선물을 한다.

스스로에게 선물을 한다는 것은 자신을 소중한 사람으로 인식하고 고마운 마음을 가지며 자신의 행복을 염원하는 행위가 된다. 사랑하는 사람에게 선물하고 이벤트를 하듯이 자신에게 선물을 하고 삶에 이벤트를 만들어 주면서 소중한 자신에게 감사를 표현하는 것이다. 바쁜 와중에 여유로운 시간을 선물하고 경치 좋은 곳으로 가 좋은 풍경을 선물할 수도 있다. 마음이 울적한 날에는 자신에게 예쁜 꽃이나 좋은 말, 좋은 책을 선물할 수도 있다.

무엇을 선물할지 생각하면서 자신에 대해서 관찰하고 자기가 무엇을 좋아하는지 알아 갈 수 있다. 자신에게 감사한 마음을 표현하는 시간을 일부러 가짐으로써 스스로 소중한 사람이라는 인식을 강화하고 자신에게 사랑받는 느낌을 느낄 수도 있다.

나에게 선물을 해야겠다고 생각하고는 처음에는 물질적인 선물을 하기 시작했다. 선물을 하려고 하니 막상 뭘 가지면 행복할지 떠오르지도 않았다. 나에게 무슨 선물을 할지 고민할 때도 다른 사람에게 선물할 때처럼 관찰이 필요했다. 내가 선물받으면 정말 기분 좋을 것 같은 물건을 찾아서 선물해 주어야 했다.

무슨 선물을 할지 고민하다가 어릴 때 TV 드라마에서 사람들이 잠옷을 입는 것을 보고 생소하면서 부러웠던 기억이 났다. 어린 시절 나는 집에서 내복을 입고 잤는데 TV에서 예쁜 잠옷을 갖춰 입고 자는 것이 멋져 보였었다. 성인이 되어서도 면티나 트레이닝복을 입었고 실내복에 정성을 들여 본 적이 없었다. 나에게 주는 첫 선물로 집에서 입는 잠옷을 선택했다. 밖에서 입는 옷들은 나뿐만이 아니라 다른 사람들도 보는데 집에서 입는 옷은 오직 나만 보는 옷이기에 나를 위한 선물로 적합하다고 생각했다. 위아래 똑같은 패턴의 누가 봐도 잠옷이라고 할 만한 예쁜 잠옷들을 나에게 선물했다. 잠옷은 매일 입는 것이기 때문에 예쁜 잠옷을 선물 받은 이후 매일 큰 만족감을 느낄 수 있었다.

잠옷을 선물한 후 큰 만족감을 경험하고는 집에서 입는 옷에 더 신경을 쓰게 되었다. 외국 영화를 보면 추운 날에는 실내에서 극세사 가운을 입고 선선한 날에는 실크 가운을 덧입길래 가운도 선물했다. 그러다가 샤워하고 나왔을 때 입는 타월로 된 목욕 가운도 선물했다. 그렇게 집에서 입는 옷을 하나씩 전부 다 바꿔 나갔다. 나에게 선물하고, 선물 받는다는 기분이 좋았고 매일 집에서 입을 때마다 만족감이 들었다. 온전히 나를 사랑해서 주는 선물이라고 생각하면 더 좋았다.

나에게 주는 첫 선물은 성공적이었다. 오직 나만을 위한 선물이라는 의미까지 부여하면 만족감은 배가 되었다. 이후로는 자연스럽게 수건이나 이불같이 몸에 직접 닿으면서 삶의 질에 영향을 미칠 만한 것들에 마음을 쓰게 되었다. 나에게 선물하는 과정을 통해 내 삶에서 정말 중요한 것이 무엇이고 덜어내야 할 것이 무엇인지도 알게 되었다. 선물하는 과정 또한 나를 알아 가고 찾아 가는 과정이었던 것이다. 처음에는 내 삶의 질을 올려 줄 만한 물건들을 선물했다면 나중에는 시간의 질을 높이고 내 숨은 욕구를 실현시켜 줄 선물을 해 나갔다.

욕구를 실현해 줄 선물을 하라

상업 광고 사진 스튜디오를 운영하는 포토그래퍼인 지인이 사진을 찍어 준 일이 있었다. 지인은 프로필 사진 포트폴리오가 필요했었다. 스튜디오에서 오랫동안 수백 장의 사진을 찍어 본 일이 처음이었는데 사진 찍는 순간이 너무나 즐거웠다. 카메라 앞이라 쑥스럽긴 했지만 조명의 강렬한 불빛과 카메라 셔터 소리가 좋았다. 사진을 찍는 내내 흥분되면서 즐거운 마음이 들었다. 전문가가 찍어 주다 보니 결과물 또한 정말 마음에 들었다. 첫눈에 반한 것처럼 사진을 계속 찍고 싶다는 마음이 강렬하게 들었다.

나는 곧바로 인물 사진을 찍을 수 있는 사진 취미 모임이 있는지 알아보았다. 혹시나 있을까 하여 알아보았는데 실제로 인물 사진을 찍는 취미 작가와 일반인 취미 모델 모임이 있었다. 그 모임에서 운이 좋게도 인성이 훌륭하고 사진 실력도 좋은 작가님을 알게 되었다. 작가님과는 개인적인 이야기까지 털어놓을 정도로 가까운 친구가 되었고 계속해서 함께 사진을 찍고 있다. 작가님이 전문가용 카메라로 수만 장을 찍고 그중 잘 나온 것만 선택해서 예쁘게 작업해 주시기 때문에 사진을 받아볼 때마다 감탄이 나올 수밖에 없었다.

사진 찍는 일은 정말로 즐거웠다. 평소에는 생각하지 못했던 연출을 하고 사진을 찍으면 일상에서는 드러내지 못하는 또 다른 내 모습을 꺼내 주는 것 같은 느낌이 들었다. 사진을 찍으면서 내가 몰랐던 예쁜 모습들도 알게 되었고 나를 좀 더 사랑할 수 있게 되었다. 여러 콘셉트로 연출을 하고 사진을 찍으면서 나라고 생각해 왔던 이미지의 고정관념도 깰 수 있었다. 연예인들을 보면서 가장 예쁜 시절의 모습을 다양하게 남겨 놓는 것이 부럽다고 생각했었는데 사진을 취미로 찍게 되면서 나의 예쁜 모습을 사진으로 남겨 놓을 수도 있게 된 것이다. 누군가를 만족시킬 필요도 없고 오직 나의 기쁨만을 위한 것이므로 사진을 찍는 활동 자체가 나에게 주는 엄청난 선물이었다.

새해가 되면 작년 한 해 동안 찍은 사진으로 1년 달력을 만들어 나에게 선물한다. 1년 동안 열심히 나의 예쁜 모습을 담아냈고 사진 찍는 내

내 즐거움을 느꼈었다. 달력을 만들기 위해서는 한 해 동안 찍은 사진을 다시 보며 고르는 시간을 가져야 하기 때문에 행복한 시간들을 다시 추억할 수가 있다. 달력은 자기 사랑의 결과물이자 나에게 주는 힘이 나는 선물이다. 처음 스튜디오에서 사진을 찍었을 때 느꼈던 욕구를 지나치지 않고 나에게 반짝이는 시간을 선물했기 때문에 달력을 볼 때마다 기분이 좋고 힘이 난다.

사진을 찍으면서부터는 나에게 다양한 선물을 할 수가 있었다. 내 사진을 넣은 핸드폰 케이스를 주문 제작해서 사용하고 연속 사진을 찍어서 움직이는 이모티콘도 만들었으며, 뮤직비디오 같은 프로필 영상도 제작했다. 내가 나 자신의 팬이 된 것처럼 나의 굿즈를 만든 것이다. 내가 내 팬이 된 것 같은 느낌이 참으로 좋다. 내가 나를 좋아하지 않던 시절에는 이렇게 사진을 찍으라고 해도 못 찍었을 것이다. 내 안의 욕구를 밖으로 꺼내 즐거운 취미로 만들었고 그 결과물을 나에게 선물한 것이다. 이렇게 멋진 선물이 어디 또 있을까 싶다.

자신이 즐거움을 느꼈던 활동이나 하고 싶지만 미뤄 두었던 일들을 선물하면 자존감도 올라간다. 자신의 새로운 모습을 꺼낼 수도 있고 잠재되어 있던 능력을 개발할 수도 있다. 즐거움을 느끼면서 동시에 성장하게 된다. 자신의 욕구를 미뤄 두거나 지나치지 않고 꺼내어 자신에게 선물해 줄 때 삶에 대한 의욕도 올라간다. 우리는 욕구를 억누르고 해야 하는 것을 하는 데 익숙한 삶을 살아왔다. 욕구를 억누르는 연습만 하면 자신이 무엇을 할 때 즐거운지 모르는 사람이 된다. 지금이라도 자신의 욕구에 귀를 기울여야 한다. 사람은 몰입할 때 행복하다. 욕구를 지나치지 않고 도전해야 자신이 몰입할 수 있는 활동을 찾을 수 있다. 재미있을 것 같거나 하고 싶은 마음이 든다면 주저하지 말고 해 봐야 한다. 자신의 욕구에 귀 기울이고 시도하는 것이야말로 자신에게 줄 수 있는 가장 큰 선물이다.

표현하지 않아서 상대가 알 수 없는 사랑은 사랑이 아니다. 그런 건 혼자만의 짝사랑이다. 나를 사랑한다면 사랑하는 표현을 해야 한다. 나를 소중히 여기는 마음을 선물로 표현하는 것이다. 사랑이 시들해진 연인이 다시 사랑을 회복하려면 사랑을 표현하고 사랑받는 경험을 적극적으로 해야 한다. 자신에 대한 사랑도 마찬가지다. 사랑할 때 보일 수 있는 행동을 지속적으로 하면 자신을 사랑하는 마음도 더 커지게 된다. 나를 사랑하기에 선물을 하고, 더 나아가 나를 더 소중히 하고, 더 사랑하기 위해 선물을 하는 것이다. 자신에게 선물을 받으면 행복하다. 자기 덕분에 행복해진 사람은 자신을 더 사랑할 수밖에 없다. 선물하는 데 이유는 필요 없다. 존재만으로 고마운 사람이기에 마음을 표현해야 한다.

우리는 다른 사람과
같아지기 위해 인생의 3/4을
빼앗기고 있다.

- 쇼펜하우어 -

감사하는 마음은
가장 위대한 미덕일 뿐만 아니라
다른 모든 미덕의 근원이 된다.

- 키케로 -

4 장

자신이 가치 있다고 느끼려면 자신만의 삶의 철학을 가지고

삶의 주체적으로 살아갈 수 있어야 한다.

자존감이 낮다면 자신에 대한 신뢰도 무너져 있는 경우가 많다.

작은 성취 경험을 쌓으면서 자신이 얼마나 유능한 사람인지

스스로에게 알려주어야 무너진 신뢰를 회복하고

자신을 긍정적으로 볼 수 있다.

설레는 꿈을 향해가는 자신에게 감탄하는 경험이 쌓이면

자존감은 올라갈 수밖에 없다.

설레는

꿈으로

시작하라

01

설레는 인생 목표를 설정하라

꿈은 이루어진다. 이루어질 가능성이 없다면,
자연이 우리에게 꿈꾸게 하지도 않았을 것이다.

– 존 업다이크

일단 꿈을 꾸어야 꿈을 이룰 수 있다

'생각하는 대로 살지 않으면, 사는 대로 생각하게 된다.'

어릴 때부터 숱하게 들어온 말이다. 생각하는 대로 사는 것은 무엇이
고 또 사는 대로 생각한다는 것은 무엇일까. 지금까지 사는 대로 생각해
왔다. 그렇게 해온 사실조차 몰랐다. 그래서 생각하는 대로 사는 게 무엇
인지 알 길이 없었다.

생각하는 대로 살아본 적 없던 나에게 가장 어려운 질문은 '어떻게 살아야 하는가?'였다. 어떻게 살아야 할까? 나에게 수없이 던져본 질문이었지만 언제나 답하기 어려웠다. 그러다가 책을 읽으면서 깨달았다. 이 질문에 답하기 어려웠던 이유는 할 수 없다고 스스로 규정한 것들을 처음부터 배제하고 생각했기 때문이었다. 어떤 것은 아예 '할 수 있다, 없다'를 판단한 적도 없었다. 송충이가 솔잎을 먹으며 자연의 이치를 따르듯이 현재의 삶 안에서만 생각했다. 나이대마다 해야 한다는 것들을 하며 살아왔다. 처한 상황에 맞춰 그 환경 안에서만 목표를 잡고 살아왔던 것이었다. 어디로 가는지도 모르고 어떻게 살고 싶은지도 모른 채 눈앞의 현실만 봤다. 방향을 모르니 작은 흔들림에도 요동쳤고 잘 가고 있는지 모르니 기대감보다는 불안감을 느끼며 살아왔다.

사람이 행복하게 살기 위해서는 건강, 좋은 인간관계, 경제적 여유, 자아실현, 시간적 여유가 있어야 한다. 그러나 나는 다섯 가지 영역에 대하여 골고루 목표를 설정해 놓은 사람을 본 적이 없다. 나 역시 어떻게 살고 싶느냐는 질문에 이 다섯 가지 각각에 대해 골고루 생각하지 않았었다. 다섯 가지 영역을 모두 골고루 욕망해도 된다고는 생각해보지 못했다. 그중 일부만 원해야 하는 줄 알았다. 일부만 원해도 달성하기 어렵다고 생각했었다. 주변 사람들을 살펴봐도 하나에 치우쳐 있었고 그것을 달성하기 위해서 다른 것들을 포기하며 살아가고 있었다. 예를 들어 자기 일을 중시하는 사람은 대부분의 시간을 일에 쏟아붓기 때문에 가정이나 건강을 돌보는 일에 상대적으로 소홀했다. 돈과 시간을 교환하는 일반적인 시스템 안에서 돈과 시간을 함께 가지기란 타고나지 않으면 이룰 수 없는 것처럼 보였다. 이렇게 이런저런 이유로 다섯 가지 가치를 모두 추구하는 삶을 생각조차 하지 않았고 욕심 부리면 벌을 받는다는 막연한 두려움도 있었던 것 같다. 다섯 가지 가치마다 이룰 수 있는 한계도 무의식적으로 설정해 놓고 있었다. 현재 수준 이상의 목표는 이룰 수 없다는 인식이 무의식에 각인되어 있었던 것이다. 이것들을 배제하고 고민했기 때문에 어떻게 살고 싶으냐는 질문에 답을 할 수 없었다.

독서모임에서 경제적 자유를 달성하여 책을 읽고 봉사활동을 하며 사는 사람을 알게 되었다. 대부분의 사람도 부를 일구길 희망하지만 경제적 자유를 목표로 삼고 노력하지 않는다. 모두들 막연하게 부자가 됐으면 좋겠다고 생각하지만 부자가 될 것이라 생각하지 않으니 경제적 자유를 이루겠다는 꿈도 꾸지 않는 것이다. 막연하게 부자가 되고 싶다고 생각하지만 불가능이라는 딱지를 붙여놓으니 실현할 수가 없다. 이렇듯 안 된다는 잠재의식의 세팅 때문에 한 번도 진정으로 자신이 원하는 것을 목표로 하지도, 진정으로 원하는 삶을 꿈꾸지도 못한 채 살아간다. 자신이 이룰 수 있다고 생각하는 한도 내에서 목표를 그리고 그 목표에 맞춰 살아간다. 그것은 목표라기보다는 현재를 버티면 달성되는 일정표 같은 것이다. 이룰 수 있는 목표에 제한을 설정해 두고 그 안에서 미래를 생각하는 것이다. 그렇게 생각하는 것이 너무나 당연해서 제한을 뒀다는 인식 자체도 하지 못하고 살아간다. 생각만으로도 설레고 가슴 뛰는 미래가 아니라, 현실보다 조금 더 안정적이거나 나은 미래를 그린다. 그렇게 살아가는 것만으로도 열심히 살아야 하기 때문에 다른 데 쓸 에너지조차 없다. 당장 눈앞에 닥친 현실을 살아가는 것에 의식을 다 쏟아도 녹록지 않기에 삶은 지루하고 무겁다. 어제와 똑같은 일상이 지루한 이유는 내일도 똑같을 것을 알기 때문이다. 내일이 기대되려면 오늘과 똑같은 내일이 아니라 기대되고 설레는 미래를 그려야만 한다.

설레는 꿈을 꾸어야 내일이 달라진다

항상 행복하기를 꿈꿨지만 나는 내가 어떤 모습으로 살고 싶은지 구체적으로 생각해 본 적이 없다는 것을 깨닫고 다섯 가지 가치별 목표를 세세하게 설정해 보았다. 한 번도 생각해보지 못했던 설레는 나의 미래 모습을 그렸다.

다섯 가지 가치 중 건강이라는 가치에 대해 설정한 목표를 소개해 보겠다. 건강이라는 가치가 나에게 얼마나 중요한지 생각하며 목표를 설정했다. 나는 죽을 때까지 항상 유쾌하고, 성장하는 사람으로 살기를 원한다. 전문가들은 앞으로 인류가 120~130세까지 살게 될 것이라는 전망을 내놓았다. 그렇다면 100세가 넘어서도 신체 능력을 건강하게 유지해야 한다. 또한 나이가 들어서도 우아한 원피스를 세련되게 소화해내는 탄탄한 근육의 멋쟁이 할머니가 되고 싶다. 궁극적으로 70세쯤부터 요가 재능기부 수업을 일주일에 한두 번씩 여는 것이 나의 최종 건강 목표다. 요가를 꾸준하게 열심히 해서 지금은 할 수 없는 고난도 요가 자세를 나이 들수록 멋지게 해내고 싶다. 나이 들어갈수록 몸과 마음의 건강을 향상시키는 것을 꿈꾸고 그렇게 될 수 있다고 믿는다. 이것이 나의 장기 건강 목표이고 목표를 이루기 위한 단기 건강 목표들도 설정해 놓았다.

5개의 가치마다 각각 이렇게 목표를 설정하고는 모든 목표들을 이룬 미래 어느 날의 일기를 아주 구체적으로 적어 놓았다. 생각날 때마다 그 일기를 읽으면 기분이 무척이나 좋아진다. 일기가 현실이 될 것이라고 믿기 때문에 긍정적인 미래를 기대하며 오늘을 즐겁고 활기차게 살아갈 수가 있다.

다섯 가지 가치에 대한 미래일기뿐만 아니라 버킷리스트 노트도 있다. 인생에서 이루고 싶은 일들이 생길 때마다 적어두는 노트이다. 무언가가 좋아 보이거나 호기심이 생기면 버킷리스트 노트에 '~하기' 말고 '~를 했다'라고 적어놓는 것이다. 이룰 것이라고 믿고 이룬 것처럼 기분 좋게 적어둔다. 노력해서 이루어야 하는 일 외에도 내 삶에서 일어났으면 하는 행운들도 이미 나에게 온 것처럼 적어둔다. 미래일기에는 인생을 행복하게 살기 위한 가장 중요한 가치들에 관해 적어 놓는다면 버킷리스트에는 인생을 좀 더 유쾌하고 즐겁게 살아갈 수 있는 양념 요소들을 적어두는 것이다.

지금 나는 책을 쓰고 있는데 어릴 때부터 책을 출판하고 싶다는 막연한 꿈을 항상 가지고 있었다. 그래서 버킷리스트 노트에 책 출판에 관한 꿈을 적어 두었다. 버킷리스트 노트에 출판하겠다고 적어둔 책 주제 중 한 가지는 살사 여행기다. 살사 댄스 초급과정을 배운 적이 있었는데 언젠간 살사 댄스를 완벽하게 배워 살사의 본고장인 콜롬비아 칼리로 여행을 가고 싶다. 살사 댄스를 추면 현지 사람들과 쉽게 어울릴 수 있으므로 재미있는 이야기가 많이 나올 것 같다는 생각이 들어 살사 여행기를 책으로 내야겠다는 목표를 버킷리스트에 추가했었다. 살사 여행기 외에도 몇 권의 책을 출판하는 것을 버킷리스트에 적어 두었는데 이렇게 빨리 책 쓰기 버킷리스트를 달성하게 될 줄은 몰랐다.

인생에서 이루고 싶은 기분 좋은 바람들을 버킷리스트에 적어두면 미래를 낙관하는 마음이 생긴다. 생각만으로도 기분이 좋아진다. 또 이루어냈을 때의 기쁨은 말로 표현할 수가 없다. 살고 싶은 삶에 대해 생각하며 미래일기와 버킷리스트 노트에 기록하는 시간을 가지는 것만으로도 삶은 재밌어진다.

어떻게 살아야 하는지 답을 찾지 못했을 때, 나는 많은 사람들에게 답을 구했다. 대부분의 사람은 부자가 되면 행복하겠다고 말했다. 그런데 막상 돈이 많아지면 뭘 하고 싶은지 물어보았을 때 제대로 대답하는 사람을 본 적이 없다. 좋은 집, 차, 그간 갖고 싶었던 물건 등을 사고 세계 여행 다니거나, 하고 싶은 일을 할 것이라 말했다. 그다음에 하고 싶은 일이 무엇인지 뚜렷하게 대답을 내놓은 사람이 거의 없었다. 우리는 자신이 무엇을 원하는지 정확히 생각해 본 적도 없고 알지도 못한다. 그러니 당장 눈앞에 닥친 상황만 생각하느라고 항상 급급히 살게 되는 것이다.

어제 했던 생각을 오늘도 똑같이 하고 내일도 똑같은 생각을 한다. 어제와 다르게 오늘에 감사하며 살아가려면 살고 싶은 삶을 구체적으로 명확히 그려야 한다. 살고 싶은 삶에 대한 청사진이 있으면 오늘에 충실할수 있고 미래를 기대하며 살게 된다. 사람은 누구나 자기계발 욕구가 있기 때문에 성장한다는 느낌을 받으면 행복해진다. 맹목적으로 남들 다하는 자기계발을 좇는 게 아니라 자신이 살고 싶은 삶을 위한 자기계발을하며 성장한다는 느낌을 받을 때 오늘을 즐겁게 살 수 있다. '나는 안 돼.'라고 생각하는 모든 패배의식을 지워버리고 설레는 꿈을 꾸고 이루어질것이라 믿으며 살아간다면 내일은 분명히 달라진다. 내일이 달라질 거라는 기대는 오늘을 행복하게 살 수 있는 힘이 된다. 어제와 다른 오늘을살기 위해 다섯 가지 가치에 대해서 구체적으로 목표를 설정하고 그 목표를 이루기 위한 작은 발걸음을 오늘 내디뎌 보길 바란다.

02

작은 성취가 학습된 무력감을 이긴다

실패한 시점에서 그만두기 때문에 실패가 되는 것이다.
성공할 때까지 계속하면 성공이 된다.

— 마쓰시다 고노스케

한계는 다시 도전해야 깨진다

서울시가 2022년 5월부터 12월까지 실시한 '고립·은둔 청년 실태 조사' 결과에 따르면 서울 청년 100명 중 4~5명은 자신의 집이나 방에서 나오지 않고 6개월 이상 사회와 단절된 채 지내는 고립·은둔형 외톨이라고 한다. 고립·은둔형 외톨이는 집에서 나오지 않고 타인과의 상호작용을 일절 하지 않는 사람을 뜻한다. 그들을 은둔 상태로 몰고 간 가장 큰 원인은 취업난과 심리적·정신적 어려움이라고 한다. 과거에 겪은 실패 경험이 사회에 나가고자 하는 의지를 없애버린 것이다.

은둔형 외톨이가 아니라도 우리는 과거 실패 경험 때문에 스스로의 가능성을 제한하곤 한다. 은둔형 외톨이가 집 밖으로 나가지 않는 것처럼 우리는 스스로를 실패 경험에 종속시키고 살던 대로 똑같이 살아가려고 한다. 실패 경험을 학습하고는 자신을 실패 속에 가둬버리는 것이다. 머릿속에 할 수 없다는 고정관념이 자리 잡으면 다시 시도해 볼 엄두를 내지 않는다. 하지만 마음을 바꾸면 기존에 못 한다고 낙인을 찍어 놨던 일도 해낼 수가 있다.

나 역시 마음을 바꾸기 시작한 이후로 내가 못 한다고 규정지어 놓았던 한계를 수차례나 깰 수 있었다. 요리나 오래달리기처럼 내가 절대 못한다고 생각했던 종목들은 실패 경험을 받아들인 후 더 이상 도전하지 않았던 것들이었다. 우연한 기회에 다시 도전하면서 내가 요리를 잘 할 수 있는 사람이었고 몇 킬로미터나 뛸 수도 있는 사람이었다는 것을 알게 되었다. 나는 그동안 실패했었던 과거 경험에 나를 종속시키고 스스로 능력을 제한해 버린 것이었다.

못 한다고 한계를 그었던 것들 중 한 가지는 자전거 타기였다. 어릴 때부터 운동신경이 좋지 않았던 나는 친구들이 다 탈 수 있었던 자전거도 완벽하게 마스터하지 못한 채 성인이 되었다. 자전거를 타다가 정지할 때면 브레이크를 잡으면서 한쪽 다리로 지지해야 하는데 비정상적으로 한쪽 다리를 재빨리 반대쪽으로 옮겨 끌려가듯이 불안하게 착지하곤 했었다. 그렇게 어른이 된 후, 취미로 자전거를 타거나 자전거데이트를 하는 사람들을 보면 완전히 다른 세계에 사는 것처럼 느껴졌다. 자전거를 못 탄다는 고정관념이 자리 잡아 자전거에 관심도 두지 않았었다.

그러던 어느 날 친구들이랑 춘천에 사는 친구 집에 놀러 간 적이 있다. 춘천에 사는 친구가 자전거를 대여해서 타는 일정을 권유했고 처음에는 탐탁지 않았지만 마음을 바꿔먹고 자전거를 타보기로 했다. 다른 친구들은 속도를 내며 쌩쌩 달려 나갔지만 나는 곧 뒤처졌다. 나는 따라가려고 안간힘을 쓰다가 어느 순간 포기하고 내 속도대로 자전거를 탔다. 자전거를 잘 타지는 못했지만 얼굴에 스치는 바람이 부드러웠고 자전거 속도에 맞춰 보이는 풍경이 아름답게 느껴졌다. 모든 속박에서 벗어난 것처럼 자유로운 기분이 들었고 이 순간이 영원했으면 좋겠다고까지 느껴졌었다. 그 인상이 어찌나 강렬했는지 그날 이후로 줄곧 자전거를 타고 싶다는 생각이 들었다. 그러다 감사하게도 자전거를 선물 받았는데 막상 자전거가 배송되니 무서워졌다. 자전거를 탈 수 있는 시간은 어두운 밤

뿐이었고 이사 온 지 오래되지 않아 동네 지리도 모르는 데다가 나는 심각한 길치였기 때문이다.

일단 자전거를 끌고 밖에 나갔다 오는 것에만 의미를 두기로 했다. 다행히 집 앞 개천가에는 자전거 도로가 있고 그곳에는 산책을 하거나 자전거를 타는 사람들이 많다. 다리를 건너지 않는 직선 도로는 자전거로 5분 정도 걸리는 코스였다. 다리를 건너면 길을 잃어버릴 것 같아서 처음에는 5분 동안 직선 코스에서만 자전거를 타고 들어왔다. 일주일 정도 그 코스만 왔다 갔다 하니 다리를 건너보고 싶어졌다. 다리를 건너 그 다음 다리가 나오기 전까지 총 주행거리는 15분 정도였다. 그렇게 또 15분 정도 되는 코스를 일주일 동안 타다가 다리 하나를 더 건너고, 그러는 걸 한 달쯤 반복하자 자전거가 편안해졌다. 자전거에 재미가 붙고 겁이 사라지자 마음껏 타고 싶은 생각이 들었다. 그래서 마음을 따라 아무것도 생각하지 않고 타고 싶은 만큼 내달렸다.

행복한 기분을 만끽하며 한참을 달리다가 너무 많이 온 것 같아 되돌아오려는데 완전히 길을 잃어버렸다. 핸드폰 내비게이션만 믿고 있었는데 설상가상으로 배터리도 나가버렸다. 자정이 가까운 시간에 길을 잃어버리니 집을 못 찾을 것 같은 두려움이 엄습했다. 이미 인적이 드문 시간이었지만 그대로 있을 수만은 없었기에 길에서 마주치는 사람들에게 길을 물어 겨우 집에 도착할 수 있었다. 집을 나서서 돌아올 때까지 총 2시간 50분 정도가 걸렸고 몸은 녹초가 되었다.

몸은 지쳤어도 집에 도착했을 때의 정신은 그 어느 때보다 선명했다. 말로 표현할 수 없는 뿌듯함에 가슴이 벅차올랐다. 전혀 다른 세계의 물건이라고 생각했던 자전거를 완전히 정복한 것 같은 기분이 들었다. 그날의 경험으로 길을 완전히 숙지하게 되었고 체력이 허락하는 한도 내에서 2~3시간 정도는 아무렇지 않게 자전거를 즐길 수 있게 되었다. 자동차 이외에 자력으로 꽤 먼 거리를 갈 수 있는 이동수단이 생겼다는 사실은 나를 뿌듯하게 했다. 그리고 운동 효과로 무릎 통증까지 사라졌다.

작은 성공 경험이 중요하다

학습된 무력감은 과거의 실패 경험으로부터 나온다. 무력감이란 자신의 힘으로 상황을 바꿀 수 없다고 느끼는 것으로 무기력을 동반한다. 과거에 실패했으니 무의식적으로 다시 시도해도 실패할 것이라고 치부해버리는 것이다. 실패할 것이라고 생각하니 결과가 기대되지도 않고 무슨 일에도 의욕이 생기지 않는다. 반면 누워서 핸드폰을 보는 일은 편안하고 뇌에 즉각적인 보상을 준다. 어차피 실패할 것을 시도하기보다 누워서 핸드폰을 보고 게임을 하는 편이 고통스럽지 않기 때문에 침대 밖을 나가기는 더 어려워진다.

무력감을 극복하기 위해서는 작은 성공 경험을 계속 만들어줘야 한다. 2~3시간 동안 자전거를 탄다고 하면 누구나 대단하다고 하지만 5분 정도 자전거를 탄다고 하면 우습게 생각한다. 하지만 5분 동안 자전거를 타는 용기를 내어야만 2~3시간 동안 자전거를 탈 수 있게 된다. 5분 동안 자전거를 타다가 15분 정도 자전거를 타면 큰 성취를 이룬 것처럼 뿌듯함이 느껴진다. 이렇게 5분, 15분으로 쌓인 성공 경험이 멀리까지 가는 힘으로 연결되는 것이다. 조금씩 성장하는 모습에 가슴이 뛰고, 어려움에 봉착하면 그것을 해결하면서 스스로에게 감탄하게 된다. 단 5분으로 시작해도 매일같이 성공 경험을 쌓으면 자신에 대한 신뢰가 자라나는 것이다.

무기력이 동반된 무력감은 작은 것에 도전하여 성공 경험을 자꾸 쌓아야만 없어질 수 있다. 지금 무기력하다고 느낀다면 시작하는 것 자체가 매우 어려울 수 있다. 그럼에도 불구하고 당장 산책이라도 해서 몸을 움직여야 한다. 단 5분의 산책이라도 매일 꾸준히 하면 마음이 단단해진다. 운동을 시작하는 것을 가장 추천하지만 잘해야만 하는 영역이나 성과를 내야 하는 분야가 아니라면 무엇이든지 좋다. 누군가에게 평가받을 일이 없고 '해도 그만, 안 해도 그만'인 자신만을 위한 일을 시작하는 것이다. 단, 절대 거창하게 시작해서는 안 된다.

무력감에서 벗어나지 못하고 있다면 목표를 아주 작게 설정해야 한다. 5분의 산책, 책 한 쪽 읽기, 스쿼트 5개 하기 같이 아주 사소해서 안 하기도 힘들 것 같은 일들을 해내는 것이다. 전혀 책을 읽지 않던 사람이 책을 읽어야겠다고 생각했다면 일주일에 혹은 한 달에 책 한 권 읽기 같은 큰 목표가 아니라 하루에 책 한 쪽 읽기처럼 작은 목표를 세워야 한다. 전자처럼 기존 모습과 크게 동떨어져 있는 목표를 설정하면 처음에 한두 번은 성공할 수 있어도 꾸준히 해내기가 쉽지 않다. 실패는 자책을 부르고 포기는 패배감을 일으킨다. 잘 살기 위해서 설정한 목표인데 실패 경험을 또 잠재의식에 각인시켜 버리면 안 하느니보다 못한 시도가 되어버린다.

차라리 안 하는 게 이상할 정도로 부담이 없는 작은 목표를 설정해서 성공 경험을 최대한 자주, 그리고 길게 가져가는 것이 이익이다. 매일 성공 경험을 하게 되면 매일 성취감을 느낄 수 있을 뿐만 아니라 꾸준함에 대한 자기신뢰도 생긴다. 기존의 목표가 습관으로 자리 잡았을 때 조금씩 늘려가면 된다. 그렇게 조금씩 늘리는 과정에서 성장하는 자신의 모습을 보면 또 한 번 성취감을 느낄 수 있다. 어제보다 성장한 모습에 감탄하고, 꾸준히 지속하고 있는 모습에 또 한 번 감탄하는 것이다. 자신과의 약속을 지킨 스스로에 대한 감탄과 찬사가 긍정적인 자아상으로 이어진다.

영리하게 성공하라

사실 하루에 책 한 쪽 읽기 같은 작은 목표도 잊지 않고 꾸준히 해내기란 쉽지가 않다. 아무리 작은 목표라도 강제할 만한 시스템을 만들어 놔야 꾸준히 실천할 수가 있다. 하루 중 책을 읽기에 가장 좋은 시간을 정하여 그 시간마다 알람을 맞춰놓을 수도 있고, 핸드폰으로 전자책을 다운받아 화장실에 갈 때 읽거나, 출근 시간을 이용하여 오디오북을 들을 수도 있다. 안 하기도 힘들 만큼 작은 목표를 설정하고도 할 수밖에 없는 시스템을 구축하는 것이다. 그리고 실천했다면 성공했다는 것을 매일 기록하며 성취한 것을 축하하는 보상 시스템을 만들 수도 있다. 보통 성취감이 그 보상으로 작용하지만 습관을 들일 때까지는 자기 자신에게 따로 작은 선물을 주거나 좋아하는 시간을 가짐으로써 보상체계를 강화하는 것도 도움이 될 수 있다.

　습관적 패배감이나 학습된 무력감에 빠져 있다면 아주 작은 목표를 꾸준히 성취해서 스스로에게 할 수 있다는 믿음을 만들어 주어야 한다. 세상이 좋아져서 하려고만 한다면 할 수밖에 없는 시스템을 구축하기가 너무나 쉽다. 반대로 무기력하게 허송세월 보내기도 쉽다. 유튜브만 해도 고객이 이용한 콘텐츠와 유사한 것들을 수도 없이 보여준다. 시간을 죽이는 콘텐츠를 보다가 순식간에 몇 시간을 날려버리면 또다시 무력감의 늪에 빠지게 된다.

　뭐든 시작하면 된다. 작은 시작만 하면 그 시작이 또 다른 시작을 불러온다. 학습된 무력감을 없애는 방법은 시도하기밖에 없다. 다만, 실패가 학습되었던 것처럼 실패 경험을 반복하지 않도록 영리하게 시도하는 것이다. 해낼 수밖에 없는 작은 목표를 설정하고 해낼 수밖에 없는 시스템을 구축하여 해낼 수밖에 없도록 시도하는 것이다. 책 한 쪽 읽기, 5분간 산책하기, 스쿼트 5개 하기 같은 작은 목표를 성취하는 것이 학습된 무력감을 이기고 스스로를 신뢰하는 힘이 된다.

03

오늘 당장 성취감을 느껴라

당신이 할 수 있거나 할 수 있다고 꿈꾸는 모든 일을 시작하라.
새로운 일을 시작하는 용기 속에 당신의 천재성과 능력, 그리고 기적이 숨어 있다.

– 요한 볼프강 폰 괴테

작은 성공 경험이 다른 성취를 불러온다

성공한 사람들은 아침에 이불을 갠다는 말을 들어보았을 것이다. 눈을 뜨자마자 이불을 개며 하나의 성취감을 얻었기 때문에 그 성취감으로 다른 일도 해낼 수 있다는 것이다. 성취감은 또 다른 성취를 불러온다. 성취가 또 다른 성취를 부르는 긍정적인 연쇄 반응이 일어나는 것이다.

나도 운동을 하면서 성취의 연쇄반응을 경험했었다. 요가를 하며 쌓인 성취감으로 자전거나 방송댄스, 오래달리기 같은 운동을 시작할 수 있었다. 작은 성공으로 쌓은 성취감이 새로운 도전의 원동력으로 작용하는 것을 몸소 경험한 후 나도 잠자리를 매일 정리하기 시작했다. 이불 정리가 살짝 귀찮긴 하지만 아주 간단한 일인데 성취감을 느낄 수 있다니 하지 않을 이유가 없었다. 저녁에 집에 들어갔을 때 가지런히 이불이 정리된 침대를 보면 묘하게 기분이 좋다. 집에 돌아올 때마다 자신과의 약속을 지킨 나와 마주하게 된다. 최소한 한 가지는 성공한 하루다. 아주 작은 기쁨이지만 목표한 일을 해내는 내 모습은 언제나 기특하다.

이불 개기 같이 사소한 일을 하면서 무슨 성공을 운운하냐고 반문할 수 있겠지만 중요한 것은 성공 경험이다. 사소하더라도 자주 성공하고 성취감을 느끼면 도전에 대한 두려움이 없어진다. 도전하는 것도 습관이다. 도전을 하지 않기 때문에 성취감을 느끼지 못하고 그래서 더 도전할 수 없는 것이다. 아주 작은 일에서 성취감을 느끼면 조금 더 큰 일에도 도전할 수 있게 된다. 한 계단, 한 계단 성취감을 쌓아갈 때 자신의 유능함을 발견하게 되고 새로운 분야에 도전할 수 있는 힘이 생긴다. 도전한다는 것은 자신을 믿는다는 말이다. 자신을 믿기 때문에 도전할 수 있고 그 결과가 어떻든 받아들일 수가 있는 것이다. 사람은 도전하는 과정에서 성장한다. 작은 성취를 많이 경험하다 보면 어렵다고 생각했던 일에도 도전할 수 있게 된다.

학교나 직장을 다니면서는 자신의 유능함을 발견하기가 쉽지 않다. 혼자만 잘한다고 되는 것도 아니고, 잘못하면 비판받는 외부 평가 시스템이 작동하기 때문이다. 잘해야만 하는 영역 말고 언젠간 해야지 하고 묻어둔 일이나 재미있을 것 같다고 생각했던 일을 시작해 보자. 취미 영역에서는 절대적인 잣대가 없으므로 어제의 나보다 발전하기만 하면 큰 기쁨을 얻을 수 있다. 성장한다는 느낌을 받으며 스스로의 유능함을 발견할 수 있는 분야를 많이 만들어 두어야 마음이 단단해진다.

작은 성공을 계속 맛보면 마음의 기초 체력이 좋아진다. 작정하고 도전했는데 실패하면 다시 도전하기가 두려워진다. 과거의 실패 경험에 초점을 맞춰 모든 에너지를 소진시켜 버리기 때문이다. 작게 도전해서 하나씩 작은 성공 경험을 쌓으면 실패하더라도 금세 회복할 수가 있다. 진입이 쉬우니 틀어져도 복귀하기가 쉬운 것이다. 반면에 작정하고 시도했다가 중간에 중단되면 또 다시 큰 결심을 하고 어려운 일에 도전해야 하기 때문에 아예 포기하기 쉽다. 작게 시도하는 것은 성공 경험을 쉽게 쌓을 수 있는 방법인 동시에 실패를 딛고 일어나는 방식도 배울 수 있는 방법인 것이다.

도전을 하려고 하면 두려움이 앞선다. 그러나 막연한 두려움은 시작하고 나면 막상 아무것도 아닐 때가 많다. 걱정과 두려움은 실체가 없으므로 머릿속에서 만든 허상과 싸우지 말고 현실에서 해봐야 한다. 머릿속 허상은 두려움을 먹으며 점점 더 자란다. 이런저런 제약과 잘못될 것 같은 수많은 이유가 떠오르겠지만 그것들은 허상일 뿐이다. 마음이 만들어낸 불안과 싸우지 말고 실체를 마주하며 결과를 만들어 내라. 작게 시작해서 성취감을 느끼다 보면 문제 상황을 맞닥뜨려도 해결 방법을 찾을 수 있다. 원하는 결과가 나오지 않으면 이유를 생각해 보고 수정하면서 원하는 방향으로 이끌면 된다.

작은 도전에는 실패가 없다. 작게 시작하는 것만으로도 최소한 하루를 좀 더 생산적으로 보냈다는 느낌을 받게 된다. 또 하다가 멈추게 되더라도 최소한 자신이 정말로 원하는 일이었는지 확인할 기회는 가진 것이다. 모든 위대한 일은 작은 시작에서 출발한다.

당장 오늘부터 성취감을 느껴라

몇 년간 연예인들의 부캐(부캐릭터)가 유행했었다. 본캐(본캐릭터)일 때 보여주지 못했던 자신의 정체성을 부캐를 통해 보여주었고 이는 많은 이들의 사랑을 받았다. 연예인뿐만 아니라 일반인들도 부캐 활동을 하는 사람들이 많다. 본캐를 잠시 내려놓고 취미를 공유하는 온라인 커뮤니티 등에서 닉네임을 사용하며 활동하거나 SNS에서 멀티 프로필을 구분해서 사용하기도 한다.

재미나 힐링, 자아실현 등을 목적으로 부캐로 활동하면서 활력을 얻으면 본캐로 살아갈 때도 힘이 난다. 직장이나 가정에서 본캐가 짊어진 삶의 무게는 상당하다. 본캐가 있어야 할 곳에서는 한 사람이 가진 다양한 빛깔을 보여주거나 개성을 드러내기가 어렵다. 그래서 다양한 가능성을 부캐를 통해서 실험해보는 것이다. 본캐를 통해서 드러낼 수 없었던 여러 가지 꿈과 욕망을 부캐를 통해서 표출할 수 있다. 자신이 하고 싶었던 일이나 잘 할 수 있는 일에 도전하며 얻은 즐거움은 본캐가 줄 수 없는 기쁨이다. 자신이 하고 싶었던 일을 하면서 기록으로 남겨두면 그 기록은 스스로에 대한 신뢰가 될 뿐 아니라 자신의 세계를 확장하는 힘으로 연결된다.

시작을 미루지 말자. '새해가 되면 해야지, 다음 달에 시작해야지, 내일부터 해야지' 하고 미뤄둔 수많은 일을 당장 꺼내보자. 거창하게 시작하지 말고 오늘 당장 할 수 있는 일부터 시작하는 것이다. 거창하게 시작하려면 마음먹고 해야 하기 때문에 시작하려면 겁이 난다. 거창한 일을 위한 워밍업을 한다고 생각하고 아주 작지만 목표와 연결된 일을 해보는 것이다.

책을 쓰고 싶다거나 블로그를 하고 싶다는 생각이 마음 한편에 있었다면 오늘 느낀 점이나 인상 깊었던 일 혹은 감사한 일에 대해 한 줄을 적는 것이다. 글이라는 것은 신기해서 그냥 지나칠 만한 사소한 일이라도 글로 적어두면 근사한 소재가 되고 생각할 거리가 된다. 글 한 줄 적는 것은 어려운 일이 아니지만 성취감은 금방 느껴진다. 이렇게 한 줄씩 매일 적다 보면 어느 날은 두 줄을 쓸 수도 있고 글감 소재를 발견할 수도 있다. 글을 작정하고 거창하게 쓰려고 하면 겁이 나서 시작하기조차 쉽지가 않다.

모든 일은 시작해야 일어난다. 마음속에만 묻어두고 있던 목표를 당장 오늘 꺼내서 작게 시작해 나가면 미래는 자신이 원하는 모습에 가까워진다. 하고 싶은 일이 있어도 시작하지 않고 머뭇거리기만 한다면 미래는 오늘과 똑같을 것이다. 작은 시작이 미래의 모습을 어떻게 바꿀지 모를 일이다.

오늘의 작은 성취를 만들려면 쓸데없는 곳에 시간을 낭비하지 않고 다른 사람과 비교하지 않으며 온전히 자신에게 집중해야 한다. 오늘을 살면서 성장한 자신에 대한 감탄만이 남는 것이다. 작은 성취감을 쌓으면서 성장의 기쁨을 느끼면 스스로에 대한 확신과 믿음이 자란다. 작은 성취는 다른 사람의 평가나 인정이 필요 없다. 자기 자신을 스스로 인정하는 마음이 자라면 자신을 신뢰하고 사랑하는 마음도 함께 자라난다.

아무것도 시작하지 않으면 다음 시작은 더 어렵다. 당장 시작하지 않으면 시작도 하지 못한 채 욕망은 사라진다. 두려워서 시작하지 못하면 오늘도 내일도 똑같이 살아야 한다. 아무것도 하지 않으면 아무것도 변화하지 않는다. 꾸준히 작은 성공을 지속하면 자신을 보는 눈이 달라진다. 자신을 믿는 단단한 힘이 자라는 것이다. 마음속에 묻어둔 일을 꺼내 오늘 당장 시작해 보길 바란다.

04

완벽주의 함정에 빠지지 마라

실패가 두려워서 새로운 시도를 거부해서는 안 된다.
서글픈 인생은 "할 수 있었는데.", "할 뻔 했는데.", "해야 했는데."라는 세 마디로 요약된다.

– 루이스 E. 분

그냥 시작해도 된다

자기 비난을 하는 사람 중에는 높은 기준을 설정하는 사람들이 많다. 무슨 일을 하든지 완벽하게 해내고 싶어 하고 남들과는 다르게 훌륭하게 해내기 위해 노력과 정성을 깃들인다. 충분히 훌륭하지만 자신이 생각하는 이상향에 도달하지 못하면 스스로를 깎아내리며 폄하하는 것이다. 그래서 잘하지 못할 것 같으면 애초에 손도 대지 않는다. 이러한 성향은 좋은 성과를 낼 수 있도록 도와주기도 하지만 새로운 도전을 하는 것 자체를 어렵게 만들기도 한다. '열심히 하는 게 중요한 게 아니라 잘하는 게 중요하다.'는 말이 어색하지 않은 사회지만 자기 자신에 대해서만은 좀 더 너그러워져야 한다.

4년 정도 블로그를 운영했던 적이 있다. 당시 나는 SNS를 제대로 해본 적도 없었고 다른 사람들의 SNS를 보는 것에도 취미가 없었다. 블로그를 시작하기로 마음먹고 다른 블로그들을 찾아보니 디자인도 화려하고 사진도 훌륭했다. 배경 디자인이나 폰트 그리고 사진 등을 완벽하게 마음에 들게끔 구상해 놓고 포스팅을 올려야 할 것 같은 생각이 들었다. 예쁘게 디자인된 블로그들 사이에서 투박한 포스팅은 외면받을 것만 같았다. 그렇게 완벽하게 구상하려고 하다 보니 부담감이 생기기 시작했다. 포토샵 프로그램도 없었고 사용할 줄도 몰랐는데, 포토샵부터 배워야 할 것 같고 배경에 쓰일 좋은 사진도 찍어 놔야 할 것 같았다. 머리가 뒤죽박죽이었고 무엇부터 해야 할지 몰라 불안감이 밀려왔다. 이러다가는 시작도 못 한 채 시간만 날려버릴 것 같았다.

완벽하게 하기 위해 시작도 못 하는 것보다는 그냥 글을 쓰는 게 낫겠다는 생각이 들었다. 그래서 디자인적인 요소 하나도 없이 하얀 배경에 기본 폰트로 글을 쓰기 시작했다. 그렇게 불완전하게 아무것도 없이 시작한 포스팅은 시간이 지날수록 점점 더 발전했다. 글 쓰는 작업에도 나만의 규칙이 생겼고 다루는 주제는 점점 다양해졌다. 하얀 배경에 글만 올리던 포스팅에 핸드폰으로 찍은 사진을 추가했고 시간이 더 지나서는 카메라를 구입하여 화질이 좋은 사진을 올렸다. 사진 찍는 기술이 좋아졌고 사진 편집 프로그램도 이용하며 포스팅의 질이 좋아졌다. 아무것도 몰랐지만 아무것도 모른 채로 시작하니 점점 발전할 수 있었다. 그렇게 내 블로그는 4년 내내 조금씩 성장해 나갔다.

블로그는 나에게 좋은 추억을 많이 안겨주었다. 친구가 검색을 통해 포스팅을 읽고 연락을 해온 적도 있었고 방송국에서 연락을 취해 온 적도 있었다. 내 일상을 긍정해주는 댓글들을 읽으면서 내가 모르는 세상 사람들의 따뜻함을 느꼈다. 그림 포스팅을 보고 결혼 선물로 줄 그림을 주문을 할 수 있는지 물어보는 사람에게 그림을 그려서 선물한 적도 있다. 나중에는 네이버 메인 화면에도 소개되어 이틀 동안 26만 명이 내 블로그를 다녀가기도 했다.

무엇보다 일상의 아름다운 순간을 고퀄리티 사진과 함께 상세하게 기록해 놓았기 때문에 언제든지 쉽게 꺼내보면서 좋은 감정을 느낄 수 있었다는 점이 가장 좋았다. 행복했던 순간을 쉽게 추억할 수 있게 된 것만으로도 삶의 만족도는 올라갔다.

하얀 화면에 글을 쓰는 용기를 내지 않았더라면 나는 완벽주의의 함정에 빠져서 블로그를 통해 느꼈던 수많은 즐거움을 얻지 못했을 것이다. 배경 디자인이며 형식이며 이런 것들을 완벽하게 하고 싶었던 마음은 완벽주의에서 비롯된다. 뭔가를 시작하기 전에 우리는 완벽주의의 함정에 빠지곤 한다. 제대로 시작해야 잘 해낼 것 같은 기분이 들기 때문이다.

시작도 과정도 완벽할 수는 없다

제대로 안 할 거면 시작도 하지 않겠다는 마음가짐은 완벽주의에서 나온다. 그런 마음은 새롭게 도전하는 것 자체를 불가능하게 만든다. '100%가 아니면 0%'라는 생각이 앞으로 나아가지 못하게 하고 계속 0%로 살게 만드는 것이다. 해 본 것과 안 해 본 것은 큰 차이가 나기 때문에 모든 시도에는 가치가 있다. 경험의 가치를 알지 못하면 시도해서 성공하지 못할 바엔 시작하지 않겠다는 생각을 하게 되고 그 생각이 성장을 가로막는다. 모든 시작은 어설플 수밖에 없다. 100%를 준비해서 시작하는 것이 아니라 그냥 일단 시작하고 그 후에 점점 발전해 나가면 된다.

언젠가 다큐멘터리에서 보았던 이야기가 기억에 남는다. 조선시대에 전국 일주를 꿈꾸는 두 사람이 있었다. 한 사람은 완벽하게 채비를 하고 떠나야겠다는 생각을 했고 다른 한 사람은 옷가지 몇 개를 넣은 짐보따리만 하나 들고 바로 길을 나섰다. 짐보따리 하나만 들고 떠난 사람이 전국일주를 마치고 돌아왔을 때까지 완벽하게 떠나려고 했던 사람은 여전히 여행 준비만 하고 있었다고 한다.

완벽한 시작이란 것은 욕심이고 환상이다. 누구도 시작할 때 완벽할 수는 없다. 시작하기 전에는 두려움이라는 허상과 싸우지만 막상 해보면 아무것도 아닌 일이 대부분이다. '시작이 반'이라는 속담은 시작의 어려움을 보여주면서 동시에 시작이 얼마나 중요한지 알려준다.

일단 시작을 하고 나면 또 다시 완벽주의의 함정이 기다린다. 과정이 완벽해야 할 것 같은 마음이다. 블로그 포스팅을 하루에 하나씩 올리기로 했는데 하루 못 올리면 스스로를 질책하는 것이다. '블로그 시작하자마자 포스팅 안 올렸잖아. 뭐 하는 거야. 그럼 그렇지. 게을러 빠져가지고. 이럴 거면 때려 치워.' 같은 내면의 소리가 올라온다. 이렇게 시작하자마자 계획해 둔 일정에 차질이 생기면 포기해 버린다. 그러나 시작이 그렇듯 과정 역시 완벽할 수 없다. 오늘 안 올렸으면 내일 올리면 된다. 내일도 못 올리면 하루에 하나씩이 무리였음을 인정하고 일주일에 하나 정도로 자신이 할 수 있을 만큼 적당히 목표를 수정해 나가면 된다. 블로그에 글을 쓰는 게 중요한 것이지, 하루에 하나씩 포스팅하는 게 중요하지 않다.

미라클 모닝을 시작했다고 하자. 5시에 일어나기로 했는데 5시 반에 일어났다면 실패했다고 생각한다. 5시 반에 일어났어도 훌륭한 일이다. 스스로를 질책하고 몰아 세울 만한 일이 아니다. 자기 비난은 지속하는 힘을 약화시킨다. 무언가를 결심하고 작심삼일로 끝나는 경우는 4일째에 하지 않았다고 포기해 버릴 때다. 4일째 안 했다고 비난하지 말고 5일째에 다시 또 해나가면 된다. 완벽하기를 바라는 마음은 포기를 부른다. 완벽하지 않아도 지속하면 원하는 목표에 도달하게 된다.

완벽주의를 버리고 나아갈 때 성장한다

완벽하게 하겠다는 마음은 자신에게 돌아올지도 모르는 비난을 피하고자 하는 마음에서 나온다. 그 비난은 엄격한 기준을 세워놓고 그에 미치지 못할 때 자신이 쏟아내는 것일 수도 있고 주변 사람들이 자신을 비난할 것 같은 두려움일 수도 있다. 완벽하게 잘해야 인정받을 것 같은 마음이 완벽주의로 나타나는 것이다. 자신이 만든 스스로에 대한 완벽주의이든, 타인에게 부과받은 완벽주의이든 모두 다 자신을 괴롭게 만든다. 자신 혹은 타인에게 인정받고 싶은 마음에서 완벽을 추구하지만 엄격한 자신은 스스로를 인정해 줄 줄을 모르고 타인의 인정은 내 손 안에 있지 않다.

완벽주의를 추구하는 것은 언제든지 포기할 마음이 있다는 뜻이고 실망할 준비를 하는 것이다. 높은 기준을 세워놓고 그에 도달하지 못한다고 실망하는 과정을 반복하면 자기 효능감이 떨어진다. 자기 효능감은 어떤 상황에서 적절한 행동을 할 수 있다는 기대와 신념이다. 자기 효능감이 낮은 사람은 새로운 일을 맞닥뜨릴 때 자신이 잘 할 수 있을 것이라는 믿음이 없다. 그래서 실제로도 일을 잘하지 못할 가능성이 높아진다. 완벽주의는 자신을 괴롭히는 방법의 세련된 이름인 것이다.

완벽주의의 함정에 빠져서 아무것도 하지 못하고 그 자리에서 머무는 사람은 발전이 없다. '괜찮아. 이 정도도 훌륭해.'라고 응원하며 불안감을 낮추는 노력이 필요하다. 그리고 타인의 기준을 충족시키는 것은 불가능하다는 것을 인정해야 한다. 세상에는 무엇을 하든 끊임없이 비난하는 사람들이 있다. 남의 비난을 피하기 위해서 불안감을 안고 살아가는 게 아니라 자신의 성장에 집중하는 삶을 살아야 한다. 끊임없이 비난하는 타인이 내 인생을 대신 살아주지도, 나를 행복하게 해 주지도 않는다. 타인의 인정을 받기 위해 스스로를 몰아붙이는 일을 그만둬야 한다. 그냥 해본다는 마음가짐으로 가볍게 시작하고 해나가는 과정에서 자신에게 좀 더 너그러워져야 한다. 완벽을 추구하지 말고 어제보다 1% 더 성장하길 바라는 것이다. 실패는 성장을 위한 과정일 뿐이다. 모두가 다 성장하는 과정이다. 완벽하지 않으면 안 된다는 마음을 내려놓고 과정에서 끊임없이 배우고 의미를 찾으면서 성장하는 재미를 추구해야 한다.

변화는 실천에서 시작된다. 모든 일은 실천하지 않으면 허상이다. 책을 만 권을 읽든 자기계발 강의를 만 시간을 듣든 실천하지 않으면 자기만족으로 끝나는 것이다. 책을 읽고 강의를 듣고 미래에 대해 고민하는 이유는 삶을 좋은 방향으로 이끌기 위해서다. 실천하지 않는 생각과 지식은 자기 위로이며 죽은 지식을 습득하는 것일 뿐이다. 천 권의 책을 읽어도 아무것도 삶에 적용하지 않으면 책에서 지식을 구할 이유가 없다. 완벽하게 준비하여 시작하겠다는 말은 핑계일 뿐이다. 새로운 시도를 거부하는 뇌가 띄우는 불안감을 신뢰해서는 안 된다.

불완전하게 시작하는 용기가 미래를 바꾼다. 완벽주의라는 함정에 빠져 아무것도 시도하지 않는다면 언제나 똑같이 살기로 선택하는 것이다. 실패하지 않기 위해 시도하지 않으면 실패는 하지 않겠지만 성공도 없다. 실패했으면 실패의 경험을 발판 삼아 또 다른 시도를 준비해 볼 수 있다. 작은 실패도 많이 해보면 맷집이 생기고 다시 시도했을 때 도움이 될 만한 교훈을 얻게 된다. 완벽주의의 함정에 빠져 시작하지 못하면 어떤 변화도 얻을 수 없다. 또 과정이 완벽하지 않다고 바로 포기해 버리면 그냥 실패로 기억될 뿐이다. 어설프게 시작해도 계속 수정하고 배워나가면 원하는 이상향에 도달할 수 있다. 가야 할 목적지를 정확하게 알고 있다면 집을 나서는 사람만이 목적지에 도달할 수 있는 것이다.

05

완성이 아니라 성장을 향해 가라

우리는 모두 매년 다른 인간이 된다.
평생 하나의 인간으로 살아가는 게 아니다.

– 스티븐 스필버그

자신의 **욕망**을 추구하라

지인이 어린 딸과의 대화내용을 들려준 적이 있다. 딸에게 커서 어떤 사람이 되고 싶은지 물었는데 "아빠는 커서 어떤 사람이 되고 싶어?"라고 반문했다고 했다. 아빠가 이미 다 큰 어른이라는 것을 모르는 아이가 하는 귀여운 질문이었다. 귀여운 대답에 모두가 웃었지만 어른들도 어떤 사람이 되고 싶은지 답을 할 수 있어야 한다. 어릴 때는 어떤 사람이 되고 싶은지, 꿈이 무엇인지 물어보지만 어른에게는 묻지 않는다. 이것은 꿈을 직업으로 생각하기 때문이다. 어릴 때는 공부를 열심히 하고 성인이 되어서는 공부를 놓아버리는 것 역시 같은 생각 때문이다. 직업은 삶의 일부분일 뿐이다. 직업을 갖기 위한 교육만 받았기 때문에 삶을 어떻게 살아가야 하는지에 대한 공부는 성인이 되어 스스로 해야 한다. 자신이 어떤 사람인지 탐구해 본 적도 없고 인생에서 역경을 만나면 어떻게 극복해야 하는지 배워본 적도 없다. 스스로 공부해야 하는 문제들이다.

강의 제목에 이끌려서 어떤 교수님의 강의를 듣고는 한동안 철학 강의에 빠진 적이 있었다. 그 강의는 서강대학교 최진석 명예교수님의 '자신의 욕망에 집중하라'는 제목의 강의였다. 어릴 때부터 양보하며 착하게 사는 것이 바른 삶이라고 학습해 왔는데 욕망에 집중하라니 호기심을 자극하는 제목이었다. 욕망의 사전적 정의는 무엇을 하거나 가지고자 하는 바람이고 누리고자 탐하는 마음, 그리고 부족을 느끼어 이를 채우려고 바라는 마음이다.

남들이 바라는 것 말고 자신만의 고유한 욕망을 찾아 그를 위해 살아야 한다는 강의를 듣고 욕망을 추구하며 살아본 적이 있는지 과거를 되돌아 보았다. 당시 나의 삶이 만족스럽지 않았던 이유를 조금이나마 알 것 같았다. 당장 해야만 하는 일들을 해치우느라고 내가 원하는 삶이 무엇인지,

나의 욕망이 무엇인지에 대한 고민 자체가 없었다. 모든 사람이 인정하는 틀에 맞춰 생각하고 살아왔다. 나만의 고유한 철학과 기준이 없으니 다른 사람들의 말 하나에도 마음이 요동쳤었다. 그리고는 왜 남에게 피해를 주는 나쁜 사람들이 더 잘 사는 것 같은지 이해가 가지 않았었다. 나쁘다고 생각했던 사람들은 최소한 자신의 욕망에는 충실했다. 자신의 욕망을 명확히 알기에 남들에게 피해를 주면서까지 욕망을 추구하는 것이다. 그리고 자신의 욕망에 솔직한 삶을 살고 있으니 만족스러울 수밖에 없었다.

자신의 욕망이 무엇인지 탐구하고 그를 실천하는 삶을 살아야 자기 인생의 주인공으로 살 수가 있다. 대부분이 추구하는 보편적인 욕망과 자신의 욕망을 구별할 수 있을 때 남들과 비교하는 삶에서도 벗어날 수 있다. 다른 사람들에게 좋은 평가를 받기 위해서 자신의 욕망이 무엇인지도 잊고 살아가는 것은 스스로 주인공에서 벗어나 주변인의 삶을 사는 일이다. 자신의 욕망이 무엇인지 탐구해야 한다. 다른 사람이 가르쳐 줄 수 없다. 스스로 욕망하고 욕망을 현실로 만들어 나갈 때 자신의 삶을 살아갈 수 있는 것이다.

한계를 제거하고 성장을 향해 나아가라

영국의 자연과학자 루이저 로스차일드 교수는 과거에 경험했던 일시적 사건이 어떻게 잠재력을 제한하는지 벼룩 실험을 통해 보여주었다. 자기 몸의 몇백 배 이상을 뛰어오를 수 있는 벼룩을 유리컵에 넣고 유리 덮개를 닫아놓으면 벼룩은 처음에는 높이 뛰려고 한다. 그러나 유리뚜껑에 계속 부딪치자 유리천장을 깨닫고는 어느 순간부터 컵에 부딪치지 않을 만큼만 뛰기 시작한다. 그때 유리덮개를 제거해도 벼룩은 유리컵 높이 이상으로 더 이상 뛰어오르지 않는다. 벼룩이 자신의 능력을 제한하고 더 이상 능력을 발휘하지 않는 것이다. 벼룩은 자신의 한계를 정해버렸다. 비단 벼룩만의 이야기가 아니다. 우리도 벼룩처럼 한계를 규정해놓고 살아가고 있다. 우리의 잠재력을 제한하는 유리덮개의 허상을 제거하고 높이 뛰어올라야 한다.

인간이 삶을 대하는 방식은 두 가지로 나뉜다. 고정형 사고방식과 성장형 사고방식이다.

고정형 사고방식은 개인의 재능과 능력을 선천적으로 주어진 것으로 생각하며 결코 변하지 않는다고 믿는 것이다. 자신의 한계를 정해 버리고 더 이상 발전할 것이 없다고 생각한다. 고정형 사고방식을 가지면 실패는 극복해야 하는 것이 아니라 자신의 결점을 드러내는 것이라고 생각한다. 그래서 자신을 증명하는 데 어려움이 있을 것 같은 일에는 도전하지 않게 된다. 능력이 변하지 않는다는 신념을 가지고 있는 것이다.

반면에 성장형 사고방식을 가진 사람은 자신이 계속해서 발전 가능하다고 믿는다. 성장형 사고방식을 가진 사람은 새로운 것에 호기심을 가지고 도전하며 성장해 나간다. 도전에서 실패하면 교훈을 얻어 다시 하거나 그 경험을 바탕으로 또 다른 것을 시도하며 성장해 나간다. 자신의 잠재력이 어디까지인지 실험하듯 점점 세계를 확장해 나가는 것이다.

우리는 우리의 잠재력을 알지 못한다. 고정형 사고방식에 머문다면 삶은 언제나 똑같다. 성장형 사고 방식으로 살아야 오늘과 다른 내일을 기대해 볼 수 있다. 우리는 자유의지를 가진 사람이고 어떤 사고방식으로 삶을 살아갈 것인지 결정할 수 있다. 성장형 사고방식을 받아들여야 잠재의식의 장벽을 제거하고 높이 뛰어 오를 수 있다.

잠재력을 발휘할 수 있는 환경을 만들어라

앞에서 소개한 벼룩 실험 후 로스차일드 교수는 한 가지 시험을 더 했다. 유리컵 높이까지만 뛰는 벼룩들이 들어 있는 용기의 바닥에 알코올 램프로 열을 가했다. 바닥이 뜨거워지자 벼룩들은 유리컵 높이보다 더 높이 뛰어 컵을 빠져 나왔다. 벼룩의 생존 본능이 능력을 제한하던 생각의 틀을 깨부수고 능력을 발휘하도록 만든 것이다. 우리도 스스로 만든 한계를 깨부수고 잠재력을 발휘할 수 있다. 잠재력이 숨어 있을 뿐 능력이 사라진 것이 아니기 때문이다. 잠재력을 꺼내려면 잠재력을 발휘할 수 있도록 주변 환경을 점검할 필요가 있다.

운은 사람을 통해서 온다고 한다. 운이 좋을 때는 좋은 사람들이 곁에 오고 운이 나쁠 때는 해가 되는 사람들이 주변을 파고든다. 운이 사람을 통해서 온다고 하면 반대로 좋은 사람을 곁에 두면 좋은 운을 끌어당길 수도 있다는 말이다. 가족은 태어날 때부터 함께이지만 친구나 연인, 배우자 같은 가까운 관계의 사람들은 선택할 수가 있다. 어떤 사람들과 함께하느냐에 따라서 인생의 모양이 달라진다. 귀인은 인생의 갈림길에서 좋은 선택을 할 수 있도록 도와주기 때문에 자신을 좋은 곳으로 인도한다.

귀인은 사람만이 아니다. 좋은 책을 읽고 좋은 강의를 듣는 것도 운을 높이는 방법이 될 수 있다. 인생은 선택으로 결정되므로 선택의 순간에 현명한 이들의 지혜를 빌릴 수 있다면 좋은 인생을 살게 된다. 존경할 만한 사람을 주변에서 찾기는 어렵지만 책에서는 쉽게 만날 수 있다. 지인이 조언을 하거나 따끔한 충고를 해주면 이성적으로는 맞는 말이라도 속상한 기분에 휩싸이기도 하고 자존심에 금이 가는 일도 생긴다. 같은 충고도 책을 읽으면서 자신의 과오를 스스로 깨닫고 느낄 때는 감정이 상하는 일이 없다. 오직 깨달음뿐이다.

책뿐만 아니라 좋은 강의와 콘텐츠가 넘치는 시대다. 훌륭한 사람들이 유튜브와 강의로 자신의 이야기를 전달하고 있다. 지혜를 구하고자 하면 얼마든지 구할 수가 있다.

〈법상스님의 목탁소리〉라는 유튜브 채널에서 법상스님께서는 유튜브로 인해 깨닫고 부처가 된 사람이 아주 많아졌다고 말씀하셨다. 예전에는 수행자만 들을 수 있는 법문을 손쉽게 들을 수 있게 되면서 출가하지 않은 일반인들도 깨닫기 쉬운 세상이라고 말이다. 유튜브나 온라인 강의는 언제 어디서나 반복해서 청취할 수 있다. 존경하는 사람을 만나서 감동을 받아도 시간이 지나면 현실로 돌아오고 감동은 잊힌다. 하지만 책이나 유튜브 같은 콘텐츠는 수없이 반복할 수 있기 때문에 지속적으로 자신의 인생에 지혜를 적용할 수가 있다.

예전에는 주변인의 폭이 좁아서 태어남과 동시에 운이 결정되기도 했을 것이다. 하지만 지금은 얼마든지 손쉽게 좋은 귀인을 곁에 둘 수가 있다. 심지어 공간적 · 시간적 제약 없이 자신이 원할 때면 언제나 좋은 말을 들을 수가 있다. 좋은 운을 곁에 두기 쉬운 고마운 세상에 살고 있다. 마음가짐을 올바르게 해 줄 사람들과 콘텐츠를 가까이 한다면 마음 속에 자리잡은 유리 장벽은 어느새 사라지고 높이 튀어오를 수 있을 것이다.

6~7월에 피는 꽃, 수국의 색은 다양하다. 흰색, 분홍색, 녹색, 하늘색 등 아름다움을 뽐낸다. 꽃 색은 타고나는 것이 아니라 수국이 심어진 흙의 성분과 환경에 따라 바뀐다. 수국의 색을 결정하는 색소인 안토시아닌이 흙의 이온과 반응하여 색을 바꾸기 때문이다. 알루미늄 이온과 같이 산성이 많은 토양에서는 파란색 꽃을 만들고, 염기성 토양에서는 붉은 꽃이 핀다. 같은 유전자를 가지고 있어도 환경이 달라짐에 따라 꽃 색이 달라지는 것이다.

사람도 어떤 생각을 가지고 어떤 환경에 노출되어 있느냐에 따라 에너지가 달라진다. 수국의 색을 결정하는 색소 안토시아닌이 토양에 있는 이온과 반응하여 다양한 색을 내듯이 사람도 자신이 가진 기질이 환경에 따라 다양하게 발현될 가능성을 품고 있다. 사람이 좋은 빛깔을 내뿜기 위해는 자신에게 의도적으로 좋은 환경을 만들어주고 계속해서 탐구하고 성장해 나가야 한다. 매일 접하는 콘텐츠가 내 생각이 되고, 행동으로 표출되며, 그것은 습관이 되어 삶을 이룬다. 수국은 자신의 의지대로 토양을 바꿀 수 없지만 사람은 의지에 따라 환경을 바꿀 수 있다. 자신이 뽐내고 싶은 빛깔이 무엇인지 욕망하고 토양을 바꿔주면 자신이 원하는 멋진 모습이 세상에 드러나게 될 것이다.

책에서 답을 구할 수 있다

주변인 5명의 평균이 바로 자신이라는 말이 있다. 주변인을 바꿔야 자신도 바뀌고 인생도 달라진다. 주변에 롤모델이라고 할 만한 사람이 없다면 우리는 책을 통해 주변인을 바꿀 수 있다. 책 속에서는 훌륭한 사람을 수도 없이 만날 수 있고 그들의 경험과 삶에 대한 핵심적인 철학이 책 속에 담겨 있기 때문이다. 그런데 막상 책을 읽으려고 하면 어떤 책을 읽어야 할지, 어떻게 하면 책을 좋아할 수 있는지 궁금증이 생긴다.

무슨 책을 읽어야 할지 모르겠다면 지금 당장 관심 있는 분야에 관한 책을 읽으면 된다. 연애를 하고 싶다면 연애 관련 책을 읽고, 영업을 해야 한다면 영업을 잘할 수 있는 방법에 관한 책을 읽는 것이다. 연애나 영업처럼 특정 주제에 관련된 책을 몇 권 읽다 보면 현실에 적용할 수 있는 팁을 쉽게 얻을 수 있다. 책에서 얻은 지식을 삶에 적용하다 보면 삶에서 분명한 변화를 경험하게 되고 그러다 보면 책을 좋아하고 가까이할 수밖에 없다.

또한 한 가지 주제에 관한 책을 2~3권씩만 읽어도 심리학, 커뮤니케이션, 마케팅, 철학, 역사 등 다양한 분야의 내용을 접하게 된다. 다양한 내용을 접하다 보면 호기심을 자극하는 내용이 생기게 되고 자연스럽게 관련 지식을 얻을 수 있는 새로운 책을 찾게 된다. 독서의 폭이 자연스럽게 넓어지면서 동시에 사고의 폭도 확장되는 것이다.

　독서의 유익함을 알게 되면 책을 즐기게 되고 뭔가를 알고 싶거나 인생에 의문이 생길 때마다 책에서 답을 구하게 된다. 매일 접하는 콘텐츠가 자기 생각이 되고, 행동으로 표출되며, 인생을 만든다는 것을 기억한다면 좋은 책을 언제나 가까이 할 수밖에 없는 것이다.

할 수 있다고 믿는 사람은
그렇게 되고, 할 수 없다고 믿는 사람
역시 그렇게 된다.

- 샤를 드골 -

우리가 꿈을
추구할 용기만 있다면 우리의 모든 꿈은
이루어질 수 있습니다.

- 월트 디즈니 -

5 장

외부 사건에 의해 출렁이는 자존감 말고

어떤 순간에도 자신을 지탱해주는

단단한 자존감을 갖기 위해서는 내면을 돌보아야 한다.

긍정적인 생각으로 범사에 감사하는 삶의 태도를 가질 때

내면이 아름다워지고 외면세계가 재창조된다.

자신의 삶을 긍정하는 것이 자신을 사랑하는 방법인 것이다.

당신의

삶을

축복하라

01

겨울은 끝이 아니라 시작이다

인성은 쉽고 조용하게 계발될 수 없다.
시련과 고통의 경험을 통해서만 영혼은 강해지고 야망이 고무되고 성공이 이뤄질 수 있다.

– 헬렌 켈러

모든 인생에는 시련이 있다

많은 사람들이 금수저로 태어났으면 행복했을 것이라고 말한다. 금수저로 태어났으면 행복하기만 했을까? 이런 물음을 가지고 조선시대 최고의 금수저인 왕들의 삶을 공부한 적이 있다. 현대 금수저들의 삶을 속속들이 알기는 불가능하지만 왕들의 삶은 사료로 남아 있어서 인생의 빛나는 모습뿐만 아니라 어둡고 음침한 모습까지 볼 수가 있다. 계급사회에서 왕자로 태어나 정적을 물리치고 왕이 되었으면 객관적으로 보는 외적인 기준에서는 최고의 금수저이자 성공한 삶을 살아낸 인물들이다. 불행한 이유가 수저탓이나 돈이라면 세상 사람들이 원하는 돈, 명예, 권력 모든 것을 가진 왕들은 행복한 삶을 살았어야만 한다. 그들이 과연 행복하기만 했을까?

왕들의 삶에도 행복과 불행이 뒤섞여 있었다. 조선을 건국한 태조 이성계는 아들 태종 이방원이 다른 아들들을 제거하는 왕자의 난을 지켜보았다. 조선의 자랑스러운 왕, 세종대왕은 평생 동안 각종 성인병에 시달리며 힘겨워했고 세조는 조카인 문종을 살해하고 왕위에 올랐으며 이후 왕권을 위해 자신의 형제들도 살해했다. 영조는 어머니가 미천한 신분이라 평생을 자신이 만든 혹독한 기준 속에서 살았고 아들에게도 엄격한 기준을 강요하다가 아들을 뒤주에 가둬 죽이는 비극을 만들었다. 이외에도 모든 왕들의 삶 역시 순탄하지가 않았다.

살다 보면 인생에 시련이 닥친다. 해가 뜨고 지는 것처럼 모든 인생에 시련은 온다. 시련이 오면 왜 이런 일이 닥쳤는지 하늘을 원망하게 되고, 그 늪에서 영원히 헤어 나올 수 없을 것 같은 두려움과 불안감이 든다. 조선시대 최고의 금수저인 왕들도 수많은 시련과 상처 속에서 살아갔다.

모든 사람의 인생에는 시련이 닥친다. 왜 나한테만 이런 일이 일어났는지 의문을 품지만 사실은 모두가 시련을 겪는다. 그리고 영원할 것만 같던 어둠도 시간이 지나면 걷히고 태양이 뜨기 마련이다.

상처에는 새살이 돋고 굳은살이 생긴다

모두의 인생에 시련이 있고 상처가 있듯이 왕들에게도 콤플렉스가 있고 상처가 있었다. 하지만 이들이 상처를 풀어낸 방식은 제각각이었다. 연산군과 정조는 비슷한 아픔을 가졌다. 연산군은 어머니가 사약을 받고 돌아가셨다는 것을 왕이 되어 알게 된다. 정조는 11세에 할아버지인 영조에 의해 자신의 아버지인 사도세자가 뒤주에 갇혀 생을 마감하는 것을 모두 지켜보았다. 연산군과 정조는 비극적이고 충격적인 사건으로 부모님을 잃었지만 그들의 삶은 완벽하게 달랐다.

연산군은 왕위에 오른 후 어머니 폐비 윤씨와 사이가 좋지 않았던 사람들을 모두 잔인하게 죽였다. 이후로도 폭정을 일삼다가 중종반정으로 인해 조선 최초로 폐위된 후 강화도로 귀양을 가서 죽음을 맞이하게 된다. 연산군은 자신의 상처를 세상을 불행하게 살아갈 이유로 만들었다.

정조는 연산군과 다른 행보를 보인다. 정조는 충격적인 아버지의 죽음을 고작 11세라는 나이에 지켜보았다. 정조는 즉위 첫날 "오호라, 나는 사도세자의 아들이다."라고 대신들을 향해 외쳤다. 자신의 상처이자 왕권의 정통성을 의심할 수 있는 사실을 숨기는 것이 아니라 만천하에 알렸다. 정조는 연산군처럼 복수를 하는 것이 아니라 왕위에 올라서 아버지의 무덤을 옮기고 그 지역을 보호하기 위해 수원화성을 지었다. 왕위에 올라서도 왕권이 안정화될 때까지 아버지의 죽음에 연루된 자들에 의해 여러 차례 암살 위협을 겪었지만 그는 태평성대를 이룬 성군이 되었다.

연산군이 폭군이 되어 많은 사람들을 죽이고 백성들의 삶을 도탄에 빠뜨리며 자신도 비참한 최후를 맞이한 것과 대비가 된다. 정조는 모든 상처를 딛고 조선 후기의 부흥기를 이룬 훌륭한 성군이 되었을 뿐 아니라 수원화성을 건립하며 아버지에 대한 효심도 보여주었다.

상처를 대하는 방식은 사람마다 다르다. 상처 속에 매몰되어 한 발자국도 나가지 못하고 슬픔에 젖어 세상을 원망하며 살아갈 것인지, 자신을 성숙시키는 계기로 만들 것인지는 자신의 선택에 달려 있다. 상처를 불행의 이유로 삼아서는 안 된다. 고통과 시련에도 삶은 계속된다. 비가 그치고 해가 뜨듯이 시간이 흐르면 어떤 상처를 겪었다고 하더라도 앞으로 나아갈 수 있다. 마음속의 상처가 나아가려는 사람을 막아설 수는 없다. 과거는 허상일 뿐이다. 상처에는 새살이 돋기 마련이고 반복된 상처에 굳은살이 생기면 더 이상 통증을 느끼지도 않게 된다. 과거에 무슨 일을 겪었고 어떤 상처가 마음속에 남아 있는지와 상관없이 우리는 나아갈 수 있다. 그리고 더 단단해질 것이다.

겨울이 지나면 찬란한 봄이 온다

모든 인생에 겨울은 찾아온다. 혹독했던 겨울은 봄을 더 따뜻하고 찬란하게 한다. 겨울을 잘 버텨내면 더 단단해지고 생명력이 넘치게 되는 것이다. 겨울이 아닌 다른 계절에도 태풍이 몰아치고 장마가 오며 번개도 친다.

어떤 계절을 보내고 있고 어떤 날씨를 맞이하고 있더라도 우리는 앞으로 나아가야 한다. 시련은 삶의 방향을 바꿔보라는 메시지일 수 있다. 시련이 없다면 살던 대로 똑같이 살아가게 된다. 시련을 통해서 자신의 삶을 돌아보고 더 좋은 방향으로 갈 수가 있는 것이다. 시련이 자신을 좀 더 발전된 곳으로 데려다 놓을 것이라는 믿음은 봄을 앞당길 수 있다. 시련이 더 따뜻한 봄을 맞이하기 위해서 오는 것이라고 믿는 삶의 태도가 우리를 한층 더 성숙시킬 것이다.

모든 것은 시간이 지나면 변한다. 세상을 다 가진 듯이 기쁜 일도 한때이고 다시는 일어설 수 없을 것 같은 절망도 다 지나간다. 모든 것이 변한다는 사실만이 변하지 않는 사실이다. 풍성한 가을이 지나면 혹독한 겨울이 오고 다시 따뜻한 봄을 맞아 생명력 넘실거리는 여름으로 넘어가는 것처럼 인생의 계절도 끊임없이 변한다.

모든 사람은 저마다의 계절을 지나고 있다. 겨울엔 내면을 다지고 안으로 깊어지는 때이다. 추운 겨울을 잘 버틴 씨앗만이 싹을 틔우고 생명을 이어가게 된다. 추운 겨울이 있어야 생명이 넘실거리는 봄을 맞이할 수가 있다. 겨울은 성숙의 계절이며 힘을 응축하는 시기이다. 겨울이 없다면 봄은 오지 않는다. 겨울이 있기에 가을에 맺은 결실이 땅에 떨어지고 추운 겨울을 지나 봄이 되면 새로운 싹을 틔운다. 겨울이 있기에 새로운 생명이 자라는 것이다.

계절은 봄, 여름, 가을, 겨울 순으로 끊임없이 흐른다. 편의상 봄부터 말하지만 계절은 시작과 끝이 없이 흐를 뿐이다. 끊임없이 흐르는 계절의 시작을 봄으로 보면 겨울이 결과가 되지만, 겨울을 시작으로 봤을 때의 결과는 가을이다. 모든 사람의 삶 속에도 계절이 흐른다. 인생에 닥친 시련을 결과로 보면 과거의 열정과 찬란함 뒤에 절망을 맞이했다는 해석을 하게 된다. 겨울을 시작으로 보면 힘든 시기가 지나고 새로운 생명을 틔워 찬란한 결실을 맺는다는 해석을 해볼 수 있다.

두 가지 해석의 방향에 따라 겨울을 대하는 태도가 달라진다. 봄을 시작으로 겨울을 결과로 보면 왜 이런 일이 일어났는지 과거에 묻혀 살게 되고 억울해진다. 물론 과거를 되돌아보고 자신에 대해 생각해 보는 시간은 필요하다.

하지만 깨달음을 얻고 미래를 대비하는 생각이 아니라 과거의 찬란함에 젖어 겨울이 온 원인을 후회하고 원망만 하는 것은 봄이 맞이하는 데 도움이 되지 않는다. 계절의 시작을 겨울로 보면 봄이 올 것임을 알기에 지난 삶을 돌아보고 앞으로 다가올 날을 준비할 수 있다.

모든 것은 변한다. 영원히 힘들 수도 영원히 기쁠 수도 없다. 인생의 겨울도 어차피 흘러감을 알고 미래를 비관하지 말아야 한다. 혹독한 추위를 견뎌야 하는 이유가 반드시 있었을 것이다. 얼마나 추운 겨울을 맞이하든 따뜻한 봄은 반드시 오기 마련이다. 겨울이 추울수록 봄은 찬란해진다. 한층 더 성숙하고 성장한 자신의 모습을 마주하기 위해 내실을

다지며 겨울을 보내야 한다. 겨울을 결과로 볼 것인지 봄을 맞이하기 위

한 성숙의 시간으로 볼 것인지는 우리의 선택에 달려 있다.

02

좋아하는 일을 해야 인생이 풍요롭다

음악이 없는 삶은 잘못된 삶이며,
피곤한 삶이며, 유배당한 삶이기도 하다.

– 니체

새로운 경험을 해야 시간이 느리게 흐른다

나이 들수록 시간이 점점 더 빠르게 흐르는 것처럼 느껴진다고들 한다. 10대에는 시속 10킬로미터로 시간이 흐른다면 30대에는 시속 30킬로미터로, 60대에는 시속 60킬로미터로 흐르는 것 같다고 말이다. 나이 들수록 시간이 빨리 흐르는 것처럼 느껴지는 이유를 설명하는 많은 연구들이 있다. 나이 들수록 뇌 작동 속도가 느려지고 새로운 자극에 민감한 도파민의 분비가 줄어든다. 다양한 요인이 복합적으로 작용하여 물리적 시간은 동일해도 시간이 다른 속도로 흐르는 것처럼 느껴지는 것이다.

미국 듀크대학교 기계공학과 애드리안 베얀 교수의 연구에 의하면 물리적 시간과 마음 시간이 같지 않기 때문에 시간이 빠르게 흐른다고 한다. 마음 시간은 이미지들로 채워지는데 신체가 노화하면 뇌가 이미지를 습득하고 처리하는 속도가 느려진다. 나이가 들면 뇌 신경망이 성숙해지고 복잡해지면서 신호전달 경로가 더 길어지고 흐름이 둔해진다. 따라서 새로운 이미지를 습득하고 처리하는 속도가 떨어지는 것이다. 아이들은 어른들보다 이미지 처리속도가 더 빠르기 때문에 더 많은 이미지를 습득하게 된다. 아이들이 초당 1만 장을 찍는 카메라라면 어르신들은 초당 1,000장을 찍을 수 있는 카메라 성능을 가졌다고 비교해 볼 수 있을 것이다. 시간이 흐를수록 이미지 처리 속도가 떨어져 나이 들수록 슬로우 모션같이 생생한 기억이 줄어들고 기억하는 이미지 샷 수도 줄어들기 때문에 시간이 빨리 흐르는 것처럼 느껴지는 것이다. 그렇다면 나이가 들어도 시간이 느리게 흐르는 것처럼 느낄 수 있는 방법이 있을까?

나이가 들수록 새로운 경험은 줄어들고 익숙한 경험만을 하게 된다. 똑같은 크리스마스라도 어릴 때는 설레고 기다려지는 날이지만 어른이 되어서는 더 이상 새로울 것이 없다. 이렇게 익숙한 경험만을 하게 되면 뇌는 이미지 입력을 잘하지 않는다. 복잡한 세상 속에서 수많은 정보들을 효율적으로 처리하기 위해 뇌는 필요한 정보만 수집하고 같은 내용의 정보가 들어오면 기억할 필요를 느끼지 못하는 것이다. 우리는 물리적 시간 그 자체 보다 많이 기억할 때 오랜 시간이 지난 것처럼 느낀다.

어제와 같은 일상을 살면 기억 속에서 일상은 잊히고 시간은 압축된다. 매일 똑같이 살다가도 돌발 상황이 발생하면 그제야 기억에 남는 하루가 된다. 어릴 때는 모든 경험에서 새롭고 강렬한 감정을 느낀다. 강렬한 감정이 동반되면 뇌는 저장할 필요를 느낀다. 나이가 들수록 익숙한 일만 하기 때문에 강렬한 감정을 느끼는 일 자체가 없어지고 뇌는 저장할 이유를 느끼지 못하게 된다.

익숙한 일상에서 벗어나 새로운 곳에 가고 색다른 경험을 하게 되면 마음의 시간이 천천히 흐르게 된다. 나이가 들어도 새롭고 자극적인 경험을 많이 하게 되면 기억량이 많아져서 시간을 길게 느끼게 되는 것이다. 같은 나이라도 시간을 어떻게 보내느냐에 따라 시간의 길이가 다르게 느껴진다.

새로운 것을 학습할 때나 기분이 좋은 보상이 주어질 때면 도파민이 분비된다. 우리 뇌에는 선조체라는 곳이 있는데 이곳에 시간과 관련된 신경 회로가 존재한다. 이 회로가 빠르게 진동하면 사람은 시간을 상대적으로 더디게 느끼게 된다. 시간 감각이 예민해지면서 더 짧은 순간순간들을 느낄 수 있게 되는데 이 신경회로를 진동시키는 것이 도파민이다. 따라서 도파민이 많이 분비될 때에는 신경회로가 진동하여 짧은 순간의 찰나를 인지할 수 있게 되므로 상대적으로 바깥세상의 모든 것이 느리게 느껴진다. 강렬한 자극을 경험하면 도파민이 분비되어 일상적인 경험보다 훨씬 더 촘촘하게 기억되는 것이다. 나이가 들수록 새로운 것을 학습하는 일이 줄어들고 일상을 반복하기 때문에 도파민을 적게 생산하고 도파민에 반응하는 능력이 줄어든다.

뇌는 새롭고 강렬한 감각을 느낄 때 시간을 매우 잘게 쪼개서 쓴다. 뇌가 바쁘게 움직이기 때문에 당시에는 시간을 거의 인지하지 못한다. 하지만 시간이 지나 그 시간을 돌이켜보면 생생한 기억으로 가득 찬 시간으로 느껴진다. 지루하고 일상적인 시간을 보낼 때는 시간이 더디 흐르는 것처럼 느껴지지만 일정 시간이 지나고 돌아봤을 때 기억에 전혀 남지 않은 것과는 대조된다. 즐거워서 시간이 후딱 지나가 버린 것처럼 느껴지는 시간은 기억 속에서 긴 시간이 된다.

새로운 자극 없이 매일을 똑같이 살아가면 하루는 길어지고 한 달, 1년은 금세 지나가게 된다. 시간의 길이는 뇌에 저장된 기억과 경험의 양과 비례하기 때문이다. 따라서 나이가 들어도 새로운 것을 지속적으로 학습하고 기분 좋은 경험을 계속하게 되면 기억하는 시간이 많아지게 된다.

의미 있는 활동에 몰입할 때 인생이 풍요롭다

시간을 의미 있고 생동감 있이 길게 쓰려면 새로운 일에 도전하고 몰입할 수 있는 일을 찾아야 한다. 새로운 일을 할 때는 감각 기관이 긴장을 하고 집중을 한다. 몰입할 때는 시간과 공간에 대한 감각이 사라지고 몰입에서 깨어날 때에야 시간의 흐름을 깨달을 뿐이다. 사람을 만날 때도 좋아하는 사람과 함께할 때 시간이 빨리 흐른다. 단조롭고 평온한 일상을 기억에 남기려면 좋아하는 사람들과 시간을 보내고 몰입할 수 있는 일들을 해야 한다.

나이가 들면서 책임져야 할 많은 일들이 생긴다. 많은 시간을 회사나 주변인들에 할애하며 스스로 만족감을 느끼지 못하면 삶이 자신의 통제 밖에 있다고 느끼게 된다. 지난 시간을 뒤돌아보면 삶은 정처 없이 빠르게 흘렀고 열심히 살았건만 억울한 마음이 든다. 자신을 즐겁게 만들어주는 일을 하지 않아서 자신이 인생의 주인공이 아닌 것이다. 자신을 위해서 살지 않으면 마음속에 한이 생긴다. 한은 몹시 원망스럽고 억울하거나 안타깝고 슬퍼 응어리진 마음을 말한다. 자신이 하고 싶은 일을 뒷전으로 미뤄두고 이런저런 책임감에 의해 자신을 챙기지 못하면 한이 생긴다. 현재의 행복을 포기한 채 살아가면 평생 현재의 기쁨을 느끼지 못하며 살아갈 수밖에 없다. 더 이상 자신이 즐겁게 할 수 있는 일을 미래로 이월하지 말아야 한다.

자신을 즐겁게 만드는 일, 그 일을 할 때는 시간이 빨리 흐르는 일을 찾아서 해야 한다. 시공간도, 자아도 잊어버리고 푹 빠져서 할 수 있는 그런 일 말이다. 도박 중독, 스마트폰 중독, 쇼핑 중독, 게임 중독처럼 하고 나서 찜찜함이 남고 삶을 삼켜버릴 만한 일이 아니라 건강한 행복을 얻을 수 있는 일을 찾아야 한다. 자신이 즐길 수 있으면서 동시에 의미도 찾을 수 있어야 한다. 중독되는 것들은 즐겁지만 의미를 찾을 수 없기 때문에 허무해진다.

뇌는 자극에 점차 무뎌지기 때문에 점점 더 센 강도의 자극을 느껴야만 동일한 만족감을 얻을 수 있다. 우리가 매일 새로운 것을 찾고 새로운 곳을 갈 수는 없다. 더 강한 자극을 지속적으로 가져갈 수 있으면서 의미 있는 활동에는 운동과 배움이 있다. 무게 중량을 올려나간다던지 새로운 분야의 지식을 탐구하고 경험하면서 자극을 계속 높일 수 있다. 또한 몸과 마음을 건강하게 만들기에 의미도 있다. 둘 다 나이가 들어서도 할 수 있고 나이 들수록 필요한 활동들이다. 의미도 있으면서 몰입할 수 있는 일을 찾지 못한다면 최소한 운동과 배움 두 가지를 시도해 볼 수 있다.

자존감이라는 것은 자기가 보낸 시간의 질에 비례한다. 자신을 즐겁게 하는 일을 하면서 만족감을 자주 느껴야 인생이 풍요로워진다. 좋은 사람들과 기분 좋은 시간을 보내고 몰입할 수 있는 경험을 자주 해야 인생의 주인공으로 행복하게 살 수 있다.

03

감사로 행복의 민감도를 높여라

사람이 얼마나 행복한가는
그의 감사의 깊이에 달려 있다.

― 존 밀러

감사할 때 삶은 온전해진다

할 일이 늘어나면서 30분 정도 기상 시간을 당겨야 했던 적이 있었다. 아침잠이 많아서 30분 일찍 일어나는 것 자체가 큰 미션이었다. 이 미션을 성공시키기 위해서 일어날 수밖에 없는 시스템을 구축해야 했다. 알람을 설정하는 것은 당연했고 더불어 아침 기상 오픈 채팅방에 들어갔다. 아침에 일어날 시간과 일어나서 할 일들을 닉네임으로 적어놓고 아침마다 목표한 시간에 일어나서 목표한 일을 해내는 모습을 타임스탬프 사진으로 인증했다. 서로 대화는 없었지만 공감을 눌러주면서 서로를 응원하고 응원을 받았다. 지금은 그 전처럼 이른 새벽에 일어나지 않아 더이상 아침 기상 인증을 할 필요가 없어졌지만 이 톡방을 그대로 유지하고 있다.

톡방의 방장봇이 아침저녁으로 '오늘 아침 감사한 일은 무엇인가요?', '오늘 하루 감사한 일은 무엇이었나요?'라고 질문을 하기 때문이다. 방장봇의 질문 덕분에 하루에 두 번은 감사한 일들을 생각해보고 적어보는 기회를 가질 수 있다. 처음에는 간단하게 적었는데 점점 개수도 많아지고 내용도 길어졌다. 감사한 일을 생각해보고 적으면 기분이 정말 좋아진다. 감사하면서 부정적인 생각을 동시에 할 수는 없기 때문에 온전히 좋은 기분을 느낄 수가 있다. 질문에 답하기 위하여 아침 시간과 하루를 돌아보며 감사하게 되자 삶은 점점 더 만족스러웠고 마음에는 활기가 돋았다. 하루를 잘 보낸 나 자신에게도 감사한 마음이 저절로 생겨나며 삶을 점차 긍정하게 되었다. 다른 사람들이 적어놓은 소소한 감사를 보면서 마음이 훈훈하고 누군지 모르는 그들의 삶을 축복하는 마음도 갖게 된다. 오픈톡에서 감사하는 시간에는 나도 행복하고 타인의 행복도 볼 수 있기에 모두가 행복한 세상에 사는 것처럼 느껴진다.

감사하게 되면 하루를 대하는 태도가 달라진다. 사람은 이미 가진 것에 대해서는 생각하지 않고 가지지 않은 것에만 집중하는 경향이 있다. 감사를 실천하다 보면 이미 가지고 있는 것들에 대한 소중함을 느낄 수 있다. 당연하지 않은데 당연하게 느끼던 것들을 다시 당연하지 않게 바라보는 시각을 갖게 되는 것이다.

가지면 행복할 거라 생각했던 것들을 가져도 잠시 동안만 기쁨을 느낄 뿐 금세 잊어버린다. 이미 가진 것에 익숙해지고 다시 또 가지지 못한 것에 집중하게 되는 것이다. 언제나 가지지 못한 것을 갈망하게 되면 현실은 결핍이고 항상 불만족한 상태가 된다. 더욱이 소비가 미덕이 된 현대 사회는 끊임없이 현재 가진 것에 부족함을 느끼도록 만들고 새로운 것을 갈망하도록 욕망을 부추긴다. 지금 가진 것에 감사하지 않으면 앞으로 가지게 될 것에도 감사하지 못한다.

감사하기를 실천하면 이미 가진 것의 가치를 충분히 느낄 수가 있다. 이미 가진 것에 감사하게 될 때 삶은 비로소 결핍 없이 완전해진다. 감사는 자신이 가진 것에 대한 소중함을 마음에 새기는 일이다. 감사하는 마음은 자신의 삶을 소중히 대하는 사람만이 낼 수 있는 감정이다. 결핍이 습관이 된 사람은 어떤 것을 가져도 부족하고 감사가 습관이 된 사람은 언제나 풍족하다.

감사하기도 실력이다

감사하기를 매일 실천하다 보면 감사하기도 실력이라는 생각을 하게 된다. 매일 저녁마다 하루에 있었던 감사한 일 5개를 친구와 공유하고 있다. 감사를 공유하기로 한 첫날 친구는 무엇에 감사해야 할지 몰라 어리둥절했고 거창한 일이 있어야 할 것처럼 느끼는 듯했다. 감사를 공유하는 것이 부담스럽고 숙제처럼 느껴졌는지 하루종일 고민하고 핸드폰에 메모하며 나에게 공유해 줬다. 내 차례가 되었을 때 일상적이고 사소한 일들에 감사함을 표현하자 친구는 '뭐야, 이런 거야?'라고 말하며 부담감을 떨쳐냈다. 감사하기를 큰 숙제처럼 느꼈던 친구는 시간이 지나자 언제 물어봐도 금방 감사한 일을 바로바로 술술 말했다. 이전에는 지나쳤던 일들에서 감사함을 느끼게 된 것이다. 나 역시도 하루 중에 감사하다는 생각을 점차 더 자주 하게 되었다. 감사하기도 훈련이 되었는지 의식적으로 생각하지 않아도 저절로 감사함이 느껴질 때가 많아졌고 감정도 깊어졌다. 감사에 민감한 사람이 된 것이다.

감사할수록 충만해지고 행복해진다. 감사한 마음을 내는 것은 불행에 둔감해지고 행복에 민감해지는 일이다. 감사하면 무슨 조건이 붙지 않아도 지금 당장 행복해진다. 감사가 습관이 되면 행복해지는 습관이 생기는 것이다. 감사는 자신을 긍정하고 삶을 긍정하며 세상을 긍정하게 한다.

　지금은 익숙해졌지만 몇 년 전 감사하기를 시도했을 때는 그 역효과를 제대로 경험했었다. 마음이 한창 힘들 때 감사일기를 사서 감사한 일을 적어봤었다. 마음이 온통 검은색이라서 그런지 감사한 것을 찾을 수가 없었다. 억지로 감사할 것을 찾아서 적어보아도 마음이 행복해지기보다는 반발심이 올라오는 것 같았다. 지금은 내 몸이 건강한 것에 감사하고 바람에 나부끼는 나뭇잎의 아름다움에도 감사한다. 당시에는 이런 것들을 이성적으로 생각하여 감사일기에 적어봐도 감사한 마음이 생기지 않았다. 마음이 현실의 고통에 초점을 맞추고 있어서 감사함이 생기지 않는 것이었다. 감사하지 않은데 감사하다고 적으면 이것은 거짓말이 된다. 마음 정화에 감사일기가 좋다고 해서 썼는데 이조차도 불평하게 되니 스스로를 자책까지 하게 됐었다. 감사하지 않은데 감사를 강요하는 것은 또다른 학대이고 힘든 자신을 몰아붙이는 일이다.

　당장 감사한 마음을 낼 수 없을 때는 좋아하는 것이나 기분이 좋아지는 일들을 생각하면 도움이 된다. 여름날 시원한 팥빙수라든가 좋아하는 가수의 노래 같은 것 말이다. 좋아하는 것이나 기분 좋은 일들을 생각하면 감사할 때만큼 기분이 좋아진다. 좋아하는 것들을 찾으며 좋은 기분을 느끼다 보면 언젠간 감사하는 마음도 조금씩 생기게 된다. 감사도 조금씩 노력해서 차근차근 습관으로 만들 수가 있다.

지금 당장 감사하면 당장 행복해진다

감사가 습관이 되면 세상이 우호적으로 보이고 삶에 대한 태도가 달라진다. 그리고 감사할수록 감사할 일이 많이 생긴다. 당연하게 생각했던 주위 사람들을 향해 곁에 있어 줘서 감사하다는 생각을 하게 되면 그들을 대하는 태도가 달라진다. 감사한 마음은 소중함을 되새기게 해주고 태도를 변화시킨다. 주변 사람에게 감사함을 표현하고 소중히 대하면 소중한 관계가 더욱 특별해진다. 사람은 익숙해지면 당연하게 느낀다. 그래서 익숙함에 속아서 소중한 관계를 망쳐버리는 실수를 하곤 한다. 얼마나 소중한지 되새기고 감사하는 마음을 내어야 한다. 소중히 생각하고 감사할 때 사랑하는 사람들과 함께 행복한 삶을 살 수 있다. 언제나 생존을 위해서 위협요소를 찾는 뇌는 수고를 들여 감사하지 않으면 언제나 불평거리를 가져다준다. 의식적으로 감사해야 한다.

개인이 기억하는 인생 이야기는 실제가 아니라 자신이 해석하고 재구성한 내용이다. 같은 풍경을 보아도 각자 집중하고 기억하는 모습이 다르다. 같은 사건이 발생해도 사람들은 저마다 다른 의미를 부여하고 각자 다르게 기억한다. 아무 일이 없어도 일상의 평온함에 감사하다고 생각하면 무탈해서 감사하게 된다. 하루 동안 있었던 수많은 일들을 돌아보며 감사한 일을 찾아내면 매일을 감사한 날로 기억할 수 있다. 우리는 일상생활에서 크고 작은 사건들을 마주하며 이미 많은 것을 누리고 있는데도 이들에 감사하는 대신 습관적으로 짜증나고 불만족스러운 것에 집착한다. 마음을 전환하여 무심코 넘어가던 일에 감사를 느끼면 마음은 바로 충만해진다. 감사하는 태도는 인생을 행복하게 살아갈 수 있는 능력인 것이다. 불평을 하면 당장 불행해지고 감사하면 당장 행복해진다. 불행할 것인지 행복할 것인지는 선택에 달려 있다.

하늘이 무너지는 것 같은 일을 겪어도 오늘 당장 밥을 먹고 잠을 자야 한다. 밥을 먹고 잠 자는 것을 미룰 수는 없다. 행복도, 감사도 오늘 당장 해야 하는 일이다. 오늘이 행복해야 내일도 모레도 행복하다. 무슨 조건이 달성되면 행복해지겠다고 하는 것은 불행해지는 습관을 들이는 일이다. 행복은 이월할 수가 없다. 당장 지금 누려야 복리로 행복이 따라 붙는다. 무슨 일이 있어도 오늘 하루에 감사할 일은 있다. 걱정해서 해결될 일이 아니고 해결책을 찾는 생각이 아니라면 생각을 전환하여 오늘 하루에 머무르며 감사해야 한다.

바람에 흔들리는 나뭇잎을 보며 바람을 느낄 수도 있고, 철마다 예쁘게 심어놓은 도롯가의 꽃을 보며 계절을 느낄 수도 있다. 잠깐만 시선을 돌려도 어디서든 감사할 것을 찾을 수 있다. 핸드폰 하나만 있으면 좋은 음악을 들을 수도 있고 좋아하는 사람들과 연락할 수 있는 감사한 세상에 태어났다. 하루를 보내는 동안 우리는 감사하게도 아주 많은 사람의 노력과 노고가 담긴 수많은 물건을 사용하고 있다. 식당에서 밥을 먹을 때 맛있는 음식을 즐길 수 있게 해준 많은 사람들의 노고에 감사함을 느끼고 그들을 축복할 수도 있다. 정말 많은 사람의 도움으로 오늘도 평온한 삶을 살고 있음을 되새긴다면 세상을 축복하는 마음은 저절로 생긴다. 감사가 습관이 되면 세상의 축복 속에 살고 있다는 것을 깨닫게 된다.

감사하면 몸도 건강해진다

미국의 뇌과학자 조 디스펜자의 책『당신도 초자연적이 될 수 있다』에
는 감사하는 마음이 몸에 어떤 영향을 미치는지에 대해 상세히 기술되어
있다.

감사, 감탄, 감격, 고무, 자유, 자비, 사랑, 기쁨 같은 감정을 느끼면 심
장은 일관성을 띤다고 한다. 일관성을 띤다는 것은 심장이 규칙적으로
한결같이 뛰는 것을 말한다. 심장이 일관성을 띠게 되면 혈압을 낮추고
신경 체계와 호르몬의 균형을 향상시키며 뇌 기능을 좋게 한다고 말한
다. 단지 나흘 동안 하루 15~20분씩 감사 같은 긍정적인 감정을 유지하
는 것만으로도 면역 글로불린 항체 A라는 단백질이 생생되었다고 한다.
그리고 스트레스 상황에서도 감사하기를 실천하면 정신적 · 신체적 회복
력이 좋아지게 된다.

반대로 상처, 화, 스트레스, 질투, 분노, 경쟁심 혹은 좌절 등과 같은
감정을 느낄 때는 심장이 불규칙하게 뛰게 되고 1,200개 가까운 화학 물
질이 몸 속으로 분출된다고 한다. 이런 화학물질은 약 90초에서 2분 동

안 계속 쏟아지는데 짧은 시간에 노출되면 회복력 강화에 좋지만 장기간 지속되면 몸의 항상성이 깨지고 스트레스 관련 질병들에 노출된다고 한다.

　감사하는 마음을 내는 것은 단지 기분을 좋게 하고 마음을 평화롭게 하는 것만이 아니라 실제적으로 몸을 건강하게 만드는 방법인 것이다. 앞에서 설명한 감탄, 감격, 고무, 자유, 자비, 사랑, 기쁨 같은 감정은 감사하기가 습관이 되면 자연스럽게 따라오는 감정들이다. 의식적으로 감사하는 시간을 가지면 나중에는 특별히 노력하지 않아도 일상에서 저절로 감사하게 된다. 현실의 스트레스에 집중하는 마음을 거두고 감사하는 연습을 해야 몸과 마음이 함께 건강해진다는 것을 기억하자.

04
긍정적인 생각이 행복을 만든다

낙관주의는 행복의 자석입니다.
긍정적인 태도를 유지하면 좋은 일, 좋은 사람들이 당신에게 끌릴 것입니다.

– 메리 루 레튼

원하는 것을 생각해야 행복하다

전쟁 중에 부모를 잃은 열 살짜리 여자아이를 키우는 '프린세스 메이커'라는 게임이 있었다. 교육도 받게 하고 일도 시키면서 주인공을 키우는데 교육의 내용과 아르바이트의 종류에 따라 캐릭터의 능력치가 변했다. 캐릭터의 체력, 근력, 지력, 기품, 매력, 도덕성 등의 수치가 변하면서 게임하는 동안 캐릭터의 언어습관이나 태도도 달라졌다. 엔딩에는 캐릭터의 능력이 종합적으로 고려되어 수녀, 여왕, 프린세스, 농부의 아내, 마법사, 검투사, 작가 등으로 자라며 다양한 결말을 맞이했었다.

'프린세스 메이커'처럼 실제로도 사람은 어떤 경험을 하고 무슨 교육을 받는지에 따라 다양한 모습으로 성장할 가능성을 지니고 있다. 그 다양한 가능성 중에서 가장 멋진 모습이 현실에 드러날 수 있도록 우리는 잠재력을 일깨워야 한다. 그러려면 자신이 살고 싶은 삶의 모습을 명확하게 그릴 수 있어야 한다. 원하지 않는 것에서 시선을 거두고 자신이 원하는 삶을 계속 생각해야 하는 것이다.

꿈이 이루어진 미래를 상상하면 자연스럽게 미소가 나오고 행복해진다. 하루 종일 어떤 생각을 주로 하는지 생각해보자. 생각만 해도 머리가 지끈지끈 아파오고 걱정되는 일들에 대해 생각하고 있지는 않은지 돌아봐야 한다. 반복되는 일상에서 지루함을 탈피하고자 아무 생각 없이 스마트폰의 자극적인 콘텐츠를 보면서 몇 시간을 흘려보내고 있지는 않은지 생각해보자. 하루 중에 자신이 원하는 일을 생각하는 시간은 얼마나 될까?

별똥별이 떨어질 때 소원을 빌면 이루어진다는 말이 있다. 별똥별이 떨어지는 그 찰나에 소원을 빌 수 있는 이유는 평소에 그만큼 많이 생각하고 마음에 품고 있었던 소망이기 때문이다. 별똥별이 소원을 이루어 주는게 아니라 평소에 강렬하게 염원하는 일이라서 당연히 소원이 이루어지는 것이라는 말을 들은 적이 있다.

우리는 살고 싶은 삶보다 살고 싶지 않은 삶에 대해 생각하는 데 더 많은 시간을 할애하고 있다. 생각만 해도 머리가 아픈 인간관계에 대해 생각하고 벌어지지 않은 일들에 대해 걱정하며 탓할 무언가를 찾는다. 눈앞에 벌어진 현실적인 문제에 시선을 뺏겨 어떤 인생을 살고 싶은지와 같은 정말 중요한 고민은 하지 않고 살아간다.

할리우드 스타 짐 캐리는 무명시절 거액의 수표를 받고 영화에 출연하는 상상을 지속해서 했다고 한다. 그러한 상상 끝에 그는 대표적인 흥행작 〈마스크〉에 출연하며 상상을 현실로 이루었다. 오프라 윈프리 쇼에서 짐 캐리는 자신이 할 수 있는 것은 상상밖에 없기 때문에 기분이라도 좋게 하자는 생각으로 원하는 것을 계속해서 상상했다고 말했다. 뇌는 상상과 현실을 구분하지 못하기 때문에 그렇게 상상하는 동안 그는 매일같이 슈퍼스타로 살았을 것이다. 그리고 그 상상은 현실이 되었다.

양자역학, 형이상학, 후성유전학, 뇌과학, 종교 등 많은 분야에서 상상하는 것이 현실이 된다는 것을 증명해 내고 있다. 생각이 머물러야 할 곳은 오늘 있었던 불쾌한 일이나 내일 있을지 모르는 불쾌한 일이 아니다. 원하고 바라는 것들을 이미 이루어진 듯이 생생하게 상상하며 좋은 기분을 느끼면 상상대로 현실이 재창조된다.

상상이 현실로 이루어질지 아닐지, 그 답은 미래에 있다. 현재 원하는 것을 생각하고 상상하는 과정에서 당장 기분 좋은 느낌을 받게 된다. 어제 있었던 불쾌한 일과 내일 있을지 모르는 불쾌할 일을 염려하면 당장 현재가 괴롭다. 미래에 원하는 일이 이루어질지 아닐지 몰라도 원하는 것을 시각화하며 매일 꿈꾸는 사람이 성가신 일에 의식을 집중하고 있는 사람보다 더 행복한 것은 당연하다. 행복을 그리는 사람과 불행을 복습하고 염려하는 사람의 현실은 다를 수밖에 없다. 원하는 것을 그리고 상상하면 뇌의 망상활성계는 우리가 의식하지 않아도 원하는 것을 현실에서 이루기 위해 일을 한다. 원하는 것을 꿈꾸면 실제로 원하는 이상과 현실이 가까워지는 것이다.

좋은 생각은 인생을 행복하게 한다

마음은 끊임없이 이곳저곳을 떠돌기 때문에 항상 마음을 잘 관찰해야 한다. 마음은 부정적인 쪽으로 흐르기 쉬운 성질을 가지고 있어서 좋은 생각을 하려면 마음을 지속적으로 돌보아야만 한다. 긍정적인 생각은 한 순간에 생기지 않는다. 자신의 생각을 인지하고 좋은 쪽으로 생각을 전환하는 연습을 꾸준히 해야만 긍정적인 생각 습관이 자란다. 자신에게 좋은 말을 부지런히 해 줘야만 이리저리 흐르는 마음에 긍정의 필터를 끼울 수 있다. 좋은 생각이란 자신을 성장시키는 생각이다. 미래에 대한 낙관적인 믿음을 가지고 세상에 대한 호기심으로 새로운 것을 수용할 수 있는 마음가짐이다. 고여 있는 사람은 생기가 없다. 매일 반복되는 하루를 버텨내는 것이 아니라 기대되는 오늘을 살아가야 한다.

감정 역시 잘 돌보아야 한다. 감정도 수시로 변하고 두려움이나 불안감은 자주 찾아온다. 두려움이나 불안감은 자연스러운 감정이지만 이러한 감정에 압도되어 버리면 힘차게 살아가기가 어려워진다. 불쑥불쑥 올라오는 감정이 당연하다는 것을 인정하고 시선을 다른 쪽으로 돌려야 한다. 불안감이 오면 재빨리 몸을 움직여 몸의 긴장을 풀고 좋은 마음을 불어 넣어주어야 한다. 감정이 자연스럽게 흘러가도록 돌볼 수 있다면 하루가 평안해진다.

기술의 발전으로 우리는 언제나 좋은 생각을 공급받을 수 있게 되었다. 좋을 생각을 할 수 있도록 만들어 주는 콘텐츠들이 넘쳐나고 긍정 확언을 어디서나 손쉽게 무한대로 공급받을 수도 있다. 문명의 발달로 삶을 긍정적으로 이끌어줄 도움을 쉽게 얻을 수 있는 감사한 세상에 살게 된 것이다. '나는 오늘 성공적인 하루를 보낸다.', '오늘 기회가 나에게 온다.', '오늘 만난 사람들과 뜻깊은 시간을 보낸다.' 같은 긍정적인 확언을 하며 당연히 잘될 것이라고 스스로에게 긍정적인 암시를 걸어야 한다. 확언을 아침마다 반복하면 내면에 자신감을 불어넣을 수 있다.

부정적인 말을 해주면 뇌는 그 말을 믿고 그 말이 진실이 될 만한 일을 가져다준다. 반대로 긍정적인 말과 생각은 긍정적인 결과를 가져다준다. 유튜브만 찾아보아도 자신의 상황에 맞는 긍정확언 영상을 수도 없이 찾을 수 있다. 긍정확언을 따라 하다 보면 내면에 좋은 에너지가 들어오는 것이 느껴진다. 이동시간 같은 자투리 시간에 쓸데없는 공상을 하면 보내기보다 자신에게 좋은 에너지를 불어넣어 줄 수 있는 긍정확언을 들으며 따라 해 보자. 그러다 보면 마음의 불안은 어느새 긍정의 에너지로 바뀌고 삶에 대한 태도도 변화한다.

우리는 자신감이 있는 사람을 보고 어깨 뽕이 들어 갔다고 말을 한다. 자신감이 있으면 등이 펴지고 가슴 부위가 확장되며 고개가 살짝 위로 들린다. 반면에 자신이 없을 때는 어깨가 축 늘어지고 시선은 아래를 향하게 된다. 우리 뇌는 감정에 따라 자세를 취하기도 하지만 특정 자세를 취함으로써 감정을 느끼기도 한다. 즉 자신감 있는 사람처럼 자세를 바로 하고 등을 활짝 펴면서 당당하게 걸으면 내면에 자신감을 불어 넣을 수 있다. 아무 일이 없어도 좋은 일이 있는 것처럼 미소를 짓거나 깔깔거리며 웃으면 기분이 좋아진다. 원하는 감정 상태를 연기함으로써 원하는 감정상태를 불러올 수 있다. 행복하고 즐거운 감정을 가졌을 때의 표정과 자세·태도를 습관화하고 수시로 긍정확언의 말을 해준다면 감정도 따라간다.

가만히 앉아서 거리를 지나다니는 사람들을 보다 보면 얼굴에 생기를 머금고 발걸음에서도 에너지가 느껴지는 사람들이 있다. 그런 사람들을 보면 기분이 좋아진다. 생기가 넘치는 에너지를 눈으로 보는 것만으로도 전염이 되기 때문이다. 기분이나 감정은 에너지다. 좋은 에너지를 내뿜는 사람 곁에 있고 싶은 게 사람의 심리다. 좋은 에너지를 내뿜으면 좋은 사람들이 곁으로 오게 된다. 결국 좋은 생각이 마음을 행복으로 물들이고 좋은 사람들을 불러모아 좋은 인생을 살아가게 하는 것이다.

05

행복의 균형점을 올려라

행복은 축복의 횟수가 아니라
행복을 대하는 우리의 태도일 뿐이다.

– 알렉산더 솔제니친

행복에도 항상성이 작용한다

다이어트를 열심히 해서 살을 뺀 사람들이 마주하는 복병이 있다. 바
로 요요 현상이다. 요요 현상은 초절식, 원푸드 다이어트처럼 식단을 극
단적으로 제한했을 경우 더 쉽게 나타난다. 극단적인 식이 조절로 인해
근육과 체지방이 동시에 빠지기 때문이다. 근육이 빠지면서 기초대사량
이 감소하게 되고 신체는 비상상황으로 인식하여 체내로 들어오는 음식

물을 지방으로 축적하는 체질로 바꿔 버린다. 그렇게 살이 잘 찌는 체질이 되어 살을 빼기 더 힘들게 되는 것이다. 살이 잘 찌는 체질이 될 뿐만 아니라 혈압과 혈당, 콜레스테롤 수치 등과 관련된 각종 건강 문제도 동반한다. 더욱이 극단적 다이어트와 요요 현상을 반복하면 좌절감을 느끼는 것 같은 심리적 후유증까지 발생할 수 있다.

요요 현상은 원래 상태로 돌아가려고 하는 특징인 항상성 때문에 발생하는 것이다. 항상성은 외부의 다양한 자극에 대응하여 체내 환경을 일정하게 유지하려는 성질을 말한다. 일상적으로는 폭식이나 절식 이후 체중이 바로 변화하지 않고 현재의 상태를 유지하게 해 준다. 외부의 다양한 자극에도 일정한 상태를 유지하여 생명이 지속되도록 돕는 것이다. 항상성은 신체기능을 정상적으로 유지할 수 있게 해주는 고마운 힘인 것이다.

그렇지만 항상성은 다이어트 시에는 반드시 풀어야 할 숙제가 된다. 체중이 변화되더라도 우리 몸은 기억하고 있는 체중으로 돌아가려는 성질이 있기 때문이다. 변화된 체중을 유지해야 하는 균형점(Set Point)으로 인지하지 않으면 항상성에 의해 다시 원래 상태로 돌아가게 된다. 갑자기 식이를 제한하거나 일시적으로 단식을 해서는 균형점을 움직일 수 없다. 건강한 다이어트를 위해서는 무리하게 식이를 제한하는 것이 아니라 장기적으로 식단 조절과 운동을 적절하게 병행하여 균형점 자체를 옮겨야만 한다.

항상성은 행복에도 동일하게 적용된다. 갖고 싶었던 물건을 사거나, 이루고 싶었던 일을 해내면 당시에는 뛸 듯이 기쁘다. 그러나 아무리 큰 기쁨을 느끼더라도 시간이 지나면 행복도는 원래 상태로 되돌아온다. 행복의 균형점이 이동하지 않기 때문에 성취나 소유 같은 이벤트들이 영원한 행복을 선물하지는 못 하는 것이다. 화가 나고 슬프고 분노를 일으키는 사건에 반응했던 감정도 시간이 지나면 다시 원래대로 평온한 상태가 된다. 외부적인 사건에 의해 행복도가 변화되는 것은 일시적인 이벤트일 뿐인 것이다.

뇌는 불행을 찾는 성향이 있어서 행복의 균형점이 행복보다는 불행 쪽으로 기울어져 있기 쉽다. 그래서 사람들은 극단적인 다이어트를 하는 것처럼 손쉽게 빨리 행복해지기 위한 행동을 한다. 공허함과 외로움, 불안 같은 감정을 피하려고 단맛이 나는 고칼로리 음식을 섭취하고 사람들을 만나 술을 마시고 인터넷 게임을 한다. 이러한 활동들은 순간적으로 기분을 좋게 한다. 그러나 계속 반복하여 습관이 되면 더 이상 기쁨을 느낄 수가 없다. 처음에는 새로운 자극에 도파민이 왕성하게 분비되지만 반복하게 되면 동일한 자극에 익숙해지고 분비량이 줄어든다. 그래서 도파민이 분비되는 활동들은 처음에는 즐겁지만 시간이 지나면 크게 즐겁다기보다는 하지 않으면 불행하게 된다. 불행을 피하기 위하여 지속적으로 반복해야만 하는 습관이 되어버리는 것이다. 살이 잘 찌는 체질이 된 것처럼 빨리 도파민을 충전하지 않으면 불행한 상태가 된다. 이것은 중독이 된 상태이지 진정한 행복을 찾는 방법이 아니다.

행복하려면 도파민 중독으로 잠시의 안식을 얻는 것이 아니라 다이어트 시 체중의 균형점을 변화시켜야 하는 것처럼 행복의 균형점을 이동시켜야 한다. 궁극적으로 행복해지기 위해서는 외부 자극으로 단시간에 빨리 뇌의 도파민 분비를 이끌어내는 것이 아니라 장기적인 노력이 필요하다. 식사량을 조금씩 줄이며 매일 운동하는 것처럼 매일 현재를 살면서 감사함을 느끼고 자신과 타인을 존중하는 마음을 쌓아야 한다. 행복하기 위해서 뭔가 이루어야 하고 뭔가 더 나아져야 한다는 조건을 붙일 필요가 없다. 조건은 항상성을 깨트리는 잠깐의 이벤트일 뿐 시간이 지나면 원래의 상태로 돌아간다. 지금 당장 행복해지는 연습을 해야 한다.

오늘을 살면서 몸과 마음을 돌보고 지금 당장 감사하고 행복을 느끼는 것이다. 범사에 감사하는 습관은 살이 안 찌는 체질을 만드는 것처럼 행복을 쉽게 느끼는 행복 민감도가 높은 체질로 만들어 준다. 극단적 다이어트처럼 당장 단기간에 해치우는 것이 아니라 조금씩 계속 매일 노력해 나가야 한다. 매일 잘 자고 잘 먹고 꾸준히 운동해서 기초체력을 쌓고 좋은 사람을 곁에 두며 행복할 토대를 만들어야 한다. 매일 작은 성취를 쌓아가며 매 순간 감사하고 긍정적으로 생각을 하게 되면 분명히 행복 체질은 개선된다. 미래에 대한 희망을 가지고 자신의 삶을 긍정하며 자기 사랑을 실천하면 행복의 균형점은 올라간다. 균형점이 올라가면 항상성에 의해 일상적으로 행복해지게 된다.

오늘 나를 잘 돌보며 범사에 감사하자

사람마다 세상을 보는 틀은 다양하다. 그리고 자신이 믿는 대로 현실이 펼쳐진다. 사람의 뇌가 믿는 것에 대한 증거를 가져다주기 때문이다. 하루 동안 스치는 수많은 풍경 중에 우리 뇌에 각인되는 일은 얼마 되지 않는다. 우리가 의식을 가져다 둘 때에만 그 일은 중요한 일이 된다. 불행한 일에서 의식을 거두고 밝고 긍정적인 면을 추구하다 보면 행복해지는 일들이 눈앞에 펼쳐지게 된다. 행복하기 위해서는 외부의 자극에서 시선을 거두고 내면에 집중해야 한다. 자신의 생각을 정화하고 현재에 집중하며 감사하는 연습에 익숙해지면 외부 세상도 변하게 된다. 외부 세상에서 불쾌한 일이 벌어져도 의식을 그 일에 가져다 두지 않는다면 흔적도 없이 지나가는 일이 될 수 있다.

외부 세상에서 시선을 거둬 자신의 마음을 돌봐야 한다. 스스로에게 실망하는 순간이 와도 언제나 안아주고 토닥이면서 응원을 해줘야 한다. 불안에 시달린다면 불안한 것이 당연하다고 안아주고 넘어져서 울고 있다면 힘들었겠다고 따뜻하게 위로해 줄 수 있어야 한다. 부족하고 못난 모습에 질책하지 않고 있는 그대로 괜찮다며 곁에 있어 주고 지금 그대로 충분하다고 스스로를 인정하고 받아들여 줄 때 스스로와 편안하게 오늘을 살아갈 수가 있다. 오늘을 행복하게 살 때 내일을 살아갈 힘이 생긴다. 그렇게 자신을 응원하는 것이다.

자신을 응원하는 방법은 간단하다. 잠을 잘 자고, 균형 잡힌 식사를 하고, 운동을 하며 내 마음을 돌보는 것이다. 눈을 뜨면 좋은 하루를 보낼 것에 미리 감사하며 힘차게 아침을 시작해보자. 자신에게 기분 좋은 말을 해주고 좋은 콘텐츠를 접하면 좋은 생각을 할 수 있다. 몸과 마음의 건강을 위해서 산책이나 운동도 하고 의식적으로 호흡에 집중하며 차분한 마음을 내어보는 것이다. 하루에도 몇 번씩 미소를 지으며 일상의 감사함을 느끼고 날씨나 자연의 풍경에 감탄해 보자. 좋아하는 사람과 즐겁게 소통을 하고 오늘 해야 하는 일에만 집중하면 과거나 미래에 대한 생가으로 마음이 소란하지 않게 된다. 그동안 하지 못했던 일을 작게 시작하며 작은 성취감을 느끼고 자신의 유능함을 발견해 보자. 일상의 평온함이 주는 행복을 느끼면서 오늘을 살아가야 내일도 행복할 것이라는 믿음이 생긴다.

날이 화창하거나 비바람이 치거나 언제나 곁에 있어 줄 사람은 나뿐이다. 그 어떤 순간에도 나만은 내 편이 되어 주어야 한다. 언제나 다정하고 평생에 걸쳐 응원해주는 진짜 내 편 말이다. 자신을 사랑하게 되면 타인도 사랑하게 된다. 그렇게 사랑하고 사랑받으며 살 때 행복의 균형점은 다시 설정되고, 우리는 언제나 행복감을 맛볼 수 있게 된다.

당장 나를 긍정하고 오늘을 축복해야 한다. 당장 행복하기로 결심하고 나를 긍정하며 오늘을 열심히 살아낼 때 행복의 균형점은 높이 올라간다.

과거는 이미 지나갔습니다.
미래는 아직 오지 않았습니다. 당신이 살 수 있는
순간은 단 하나, 현재 순간입니다.

- 틱낫한 -

감사는 자부심과 자신감을 높이고
변화나 위기에 대한 대처 능력을 증진시킨다.
감사는 최고의 항암제요, 해독제요, 방부제다.

- 존 헨리 -

참고자료

1 - 1

Psychology Today, "Negative Self- Talk: Don't Let It Overwhelm You",

https://www.psychologytoday.com/us/blog/family- affair/201712/ negative- self- talk- dont- let- it- overwhelm- you

Medium, "85% of What You Worry about Never Happens.",

https://medium.com/mind- cafe/85- of- what- you- worry- about- never- happens- 3f748aab16de

1 - 3

EBS 〈집중기획 : 검색보다 사색입니다- 검색, 뇌를 변화시키다〉 6회 (2013.03.04.)

김주환, 『내면소통』, ㈜인플루엔셜, 2023, p.36.

1 - 4

윤홍균, 『자존감 수업』, 심플라이프, 2016, pp.112~113.

1 - 5

유튜브채널 스터디언, 〈적자생존, 기록하면 살아남는다(동기부여)〉

2 - 2

요아힘 바우어, 『공감의 심리학』, 이미옥 옮김, 에코 리브르, 2006, pp.22~26.

2 - 3

KBS 〈뉴스 : 외로움, 담배 15개비 피우는 것과 같다?[오늘 이슈]〉 (2023.05.04.)

2- 4

에드워드 홀, 『숨겨진 차원(The Hidden Dimension)』, 한길사, 2013, pp.175~195.

2- 5

BBC NEWS, "People aged 65 to 79 'happiest of all', study suggests", https://www.bbc.com/news/uk- 35471624

Brookings institute, "This Happiness & Age Chart Will Leave You With a Smile (Literally)",

https://www.brookings.edu/articles/this-happiness-age-chart-will-leave-you-with-a-smile-literally/,

https://www.brookings.edu/articles/happiness-and-aging-in-the-us-why-it-is-different-from-other-places-and-why-it-matters/

3- 1

중앙일보, "마음이 아플 때…타이레놀 먹으면 일어나는 일",

https://www.joongang.co.kr/article/22353111

3- 2

중앙일보, "[미니멀리즘 트렌드] 20불 미만 20분내 구입할 수 있으면 버려라",

https://news.koreadaily.com/2023/02/05/life/senior/20230205

170040376.html

3- 3

한국일보, "매년 70만 명 가까이 불면증 치료받는데…",

https://www.hankookilbo.com/News/Read/A202302171754000

1123

경향신문, "'불면증 환자 400만 시대' 꿀잠은 어디에… EBS '건강 프로

젝트'",

https://www.khan.co.kr/culture/tv/article/201604202031005

3- 4

MBC 뉴스, "'고립·은둔' 택한 청년들, 서울에만 4.5% 약 13만 명",

https://imnews.imbc.com/news/2023/society/article/6446766_

36126.html

4- 5

유튜브채널 세바시 135회, 〈자신의 욕망에 집중하라 | 최진석 서강대

학교 철학과 교수〉

모차오, 『마음의 암호에는 단서가 있다』, 최인애 옮김, 한빛비즈, 2011, pp.17~18.

5- 2

YTN사이언스, "[생각연구소] 나이 들수록 왜 시간이 빨리 흐를까?", https://science.ytn.co.kr/program/view.php?mcd=0082&key =201904171608383862

5- 3

조 디스펜자, 『당신도 초자연적이 될 수 있다』, 추미란 옮김, 샨티, 2019, pp.246~277.

5- 4

유튜브채널 OWN, 〈What Oprah Learned from Jim Carrey | Oprah's Life Class | Oprah Winfrey Network〉